DIETMAR BITTRICH

Das Schloss der Schicksale
Das königliche Orakelspiel

Buch

Dies ist das geheimnisvolle Buch, das Prinz William zu seinem 18. Geburtstag bekam. Das legendäre Orakelspiel der Könige. Aber man muss kein Prinz oder König sein, um »Das Schloss der Schicksale« spielen zu können. Man benötigt lediglich zwei Daten: das eigene Geburtsdatum und das aktuelle Datum. Schon öffnen sich die Türen zu einem imaginären Schloss, in dem sich neun Säle voller Weisheiten und Weissagungen befinden.

Die Zahlen weisen dem Leser den weiteren Weg, sie sind der Schlüssel zu dem ihm vorbestimmten Saal. In jedem Saal befinden sich wiederum neun Figuren, eine davon der Schutzpatron des Orakelbefragers. Auch diesen Schutzpatron bestimmen die zwei entscheidenden Daten. Welches Ihr Saal ist – der der Herrscher, der Künstler oder Liebenden – und welches Ihr Schutzpatron – Siegfried mit dem Lindenblatt, Mona Lisa oder Casanova –, das werden Sie nur herausfinden, wenn Sie das große königliche Orakel befragen …

Autor

Dietmar Bittrich ist, so mutmaßt man, in Triest geboren. Er forscht, lebt und schreibt in Hamburg, und wenn er nicht über das Leben der Gummibärchen und das Verhalten gewisser Großtiere wie Löwen und Widder nachdenkt, schreibt er deutsche Fassungen von altehrwürdigen englischen Orakelbüchern.

Von Dietmar Bittrich außerdem bei Goldmann lieferbar:

Das Gummibärchen-Orakel (44164)
Das Liebesspiel der Sterne (44409)
Mann oh Mann (44699)

Dietmar Bittrich

Das Schloss der Schicksale

Das königliche Orakelspiel

GOLDMANN

Das uralte Orakelspiel der Könige galt lange
als unzugänglich und verschollen.
Die Veröffentlichung ist nicht nur in Deutschland,
sondern weltweit eine Premiere.
Mehr über die erstaunliche Geschichte dieses Buches
lesen Sie ab S. 227

Umwelthinweis:
Alle bedruckten Materialien dieses Taschenbuches
sind chlorfrei und umweltschonend.

Der Wilhelm Goldmann Verlag, München, ist ein Unternehmen
der Verlagsgruppe Random House GmbH.

Taschenbuchausgabe Oktober 2002

Umschlaggestaltung: Design Team München
Umschlagbild: »Villa am Meer«
von Arnold Böcklin (Ausschnitt), AKG Berlin
Satz: DTP im Verlag
Druck: Elsnerdruck, Berlin
Verlagsnummer: 45162
TH · Herstellung: Sebastian Strohmaier
Made in Germany
ISBN 3-442-45162-0
www.goldmann-verlag.de

1 3 5 7 9 10 8 6 4 2

Sie stehen in der Halle des alten Schlosses. Sie haben den Serpentinenweg hinter sich gelassen, den Halsgraben überwunden, die Zugbrücke passiert.

Sie sind in den gepflasterten ersten Burghof getreten. In die Stille dieses verlassenen Palastes. Sie sind mit dem Wissen gekommen, dass er leer steht, seit Jahrzehnten oder seit Jahrhunderten oder schon immer. Und doch haben Sie sofort gespürt, dass in dieser Stille etwas lebendig ist.

Durch eine Lücke der Wehrmauer konnten Sie noch einmal zurückblicken auf das Tal mit dem gewundenen Fluss, der sich in der dunstigen Unendlichkeit verliert.

Und dann sind Sie, am leeren Wächterhäuschen vorbei, in den inneren Hof gelangt mit dem Brunnen in der Mitte, der überschattet wird von den aufragenden Palastbauten.

Die schweren, hölzernen Flügel der Pforte waren nur angelehnt.

Und nun stehen Sie in der großen Halle.

Sie sehen die berühmten neun Türen, von denen eine für Sie bestimmt ist. Sie sehen die wuchtigen Pfeiler, die gemauerten Bögen, die Blattgoldranken in den Wölbungen der Decke. Die schmiedeeisernen Halterungen für Fackeln oder Fahnen sind leer. An den Wänden erkennen

Sie Reste von Fresken und abgewetzte Reliefs, im Boden schwere Gedenkplatten mit eingemeißelten Wappen und Jahreszahlen.

Ja, dieses ist die Eingangshalle, von der man Ihnen erzählt hat. Eine dieser neun Türen wird sich öffnen für Sie. Sie haben den Schlüssel.

Ihren Schlüssel haben nicht die Handwerker dieses Palastes angefertigt. Sie haben Ihren Schlüssel selbst gemacht. Denn Sie wollten hierher kommen.

Ihr Schlüssel setzt sich aus zwei Zahlen zusammen. Die erste Zahl ergibt sich aus dem Monat Ihrer Geburt. Die zweite aus dem Monat, in dem Sie diese Halle betreten haben. Die Summe dieser beiden Monatszahlen zeigt Ihnen die Tür. Die Tür, die jetzt, in dieser Phase Ihres Lebens, für Sie geöffnet wird.

Sie sind im Februar geboren? Dann ist Ihre Monatszahl die 2. Und jetzt ist November? Dann ist Ihre zweite Zahl die 11. Zählen Sie diese beiden Zahlen zusammen: 2 und 11 sind 13. Nun ziehen Sie die Quersumme. Die Quersumme von 13 ist 4. Denn 1 und 3 sind 4. Das bedeutet: Die vierte Tür ist für Sie bestimmt. Es ist die einzige, die Ihnen nicht verschlossen ist.

Oder Sie sind im August geboren. Dann ist Ihre erste Zahl die 8. Und jetzt ist März? Dann ist Ihre zweite Zahl die 3. Addieren Sie die beiden Zahlen. Das Ergebnis ist 11. Ziehen Sie die Quersumme: 1 und 1 sind 2. Die zweite Tür ist für Sie bestimmt. Treten Sie ein.

Hinter jeder Tür verbirgt sich ein besonderer Raum. Keiner der neun Räume ähnelt dem anderen. Jeder enthält seine unvergleichlichen Abenteuer. Seine einmalige

Weisheit. Aber nur einen einzigen Raum können Sie in diesem Monat betreten. Und dieser Raum enthält genau das Wissen, das Sie jetzt brauchen.

Also: Welches ist der Monat Ihrer Geburt? Und welches der jetzige Monat?

Ziehen Sie die Quersumme.

Und treten Sie ein.

Inhalt

Raum 1

Der Saal der Entdecker

Gleich neben [illegible] den [illegible]

[illegible]

Sie [illegible] die Lampe, [illegible]

[illegible]

Gleich, wenn Sie in diesen Saal eintreten, spüren Sie den Luftzug. Ein Fenster steht offen. Sie sehen das farbige Glas mit den bleigefassten Motiven von Inseln und Segelschiffen. Das Fenster schwingt kaum merklich, als sei eben jemand geflohen. Sie sind ein wenig beunruhigt.

Obwohl die Möbel und das Licht dem ganzen Saal den Charme eines alten Stilllebens geben, ist hier nichts still. Hier herrscht die Stimmung des Aufbruchs.

Sie sehen Seekarten an den Wänden und Stiche von fremden Ländern. Auf dem Tisch eine Landkarte mit Stechzirkel, einen Kompass, einen verstaubten Globus. Im offenen Kastenschrank erkennen Sie Instrumente zur Navigation, ein veraltetes Fernrohr und die Linsen einer Camera Obscura.

Sie spüren die Unruhe, die in diesen Gegenständen knistert. Das uralte Fernweh. Und Sie selbst verspüren die Sehnsucht auszubrechen, zu fliehen. Es packt Sie die Lust, Unbekanntes zu entdecken. An den Rand der Welt zu segeln, den Vorhang des Himmels ein wenig zu lüpfen und hinauszuschauen.

Sie treten ans Fenster und sehen in die Ferne, auf den Horizont, hinter dem vielleicht ein Meer liegt und hinter dem Meer vielleicht rätselhafte Inseln. Und am liebsten würden Sie jetzt gleich aufbrechen ins Weite. Das ist das Thema in diesem Saal. Der Aufbruch. Ihr Thema.

Deshalb sind Sie hergekommen. Weil Sie sich lösen wollen. Weil die Zeit reif ist. Sie werden schon in den nächsten Wochen die Zone Ihrer Bequemlichkeit verlassen. Sie werden ausziehen aus dem Bereich Ihrer Gewohnheiten. Aus Ihrer vermeintlichen Sicherheit.

Noch sind Sie unsicher. Sie wissen, dass eine grundlegende Veränderung fällig ist. Sie fühlen sich nicht mehr wohl in den alten Grenzen. Doch noch sind Sie zwiegespalten. Sie wollen aufbrechen zu neuen Ufern. Aber Sie sehen die neuen Ufer noch nicht. Sie wissen nicht, wo Sie landen werden. Gut. So ist es allen Entdeckern gegangen. Und deshalb werden Sie unterstützt von den großen Entdeckern aller Jahrhunderte.

Sie sehen in diesem Saal neun Instrumente. Es handelt sich um die erhaltenen Ausrüstungsgegenstände ruhmreicher Erkunder des Unbekannten. Wenn Sie etwas näher herangehen, erkennen Sie noch die Fingerabdrücke auf dem Kompass, den Einstich des Zirkels auf der Landkarte.

Jeder dieser Entdecker hat seine Komfortzone verlassen und ist ins Unbekannte aufgebrochen. Und einer davon wird Sie bei Ihrem Aufbruch unterstützen. Er verkörpert die Kräfte, auf die Sie sich verlassen können.

Welche Kräfte das sind? Das erkennen Sie aus dem Tag Ihrer Geburt zusammengenommen mit dem heutigen Tag. Sie sind an einem 11. geboren? Und heute ist der 21.? Dann rechnen Sie die beiden Zahlen zusammen und ziehen Sie die Quersumme. 11 und 21 ergeben 32. Die Quersumme von 32 ist 5.

Das bedeutet: Der fünfte Gegenstand symbolisiert Ihre Kräfte. Es ist der Kompass des Kolumbus. Kolumbus suchte etwas Bestimmtes. Und fand etwas ganz anderes. So wird es Ihnen gehen, wenn Ihre Quersumme 5 ist.

Aber rechnen Sie nach, welcher der Entdecker tatsächlich Ihre Kräfte symbolisiert. Und schlagen Sie die Seite auf.

1.
Die Seekarte des Leif Eriksson

Der Wikinger Leif Eriksson entdeckte im Jahre 1000 Amerika, 500 Jahre vor Kolumbus. Man weiß es aus mittelalterlichen Chroniken. Man weiß es von der Seekarte, die er in Leder ritzte. Auf einer Fahrt von Norwegen nach Grönland kam er mit seinem Schiff vom Kurs ab. Ein Herbststurm verschlug ihn an die Küste Labradors. Von dort segelte er südwärts in die Gegend Neufundlands und weiter an die Strände des heutigen New England. In diesen angenehmen Gefilden verbrachte er den Winter. Im Frühjahr kehrte er nach Grönland zurück. Er berichtete von seinen Entdeckungen und beließ es dabei. Die Möglichkeit, jederzeit wieder dorthin zu finden, war ihm genug, heißt es in den Chroniken, und fortan war er ein glücklicher Mensch.

Was bedeutet das für Sie? Als Erstes: dass Sie etwas Neues entdecken werden. Nicht nach Plan, sondern nach dem seltsamen Gesetz, das man Zufall nennt. Ein Sturm wird Ihnen in die Segel fahren. Ein Sturm der Ereignisse. Der Gefühle. Egal, wie Sie steuern: Sie werden nicht mehr die Richtung bestimmen. Von Eriksson wird berichtet, er habe noch gegen die Böen gekämpft, da sei sein Schiff plötzlich auf Sand gelaufen. Es war, als habe ihm der Sturm das neue Land zeigen wollen.

Und so geht es auch Ihnen. Anfangs wehren Sie sich,

wenn etwas Sie aus Ihrer Bahn werfen will. Sie kämpfen dagegen an. Sind wütend. Ängstlich. Und dann, mitten in den ärgsten Turbulenzen, finden Sie etwas Neues. Sogar etwas Besseres. Die Gegend von Neuengland bietet mehr als Grönland. Ob Sie dann bei diesem Neuen bleiben wollen, oder ob Sie mit neuen Erkenntnissen, weiser geworden, Ihr jetziges Leben fortsetzen – das können Sie wählen. Erst der Sturm, dann das Glück. Ein freundlicher alter Wikinger steht Ihnen zur Seite.

2.
Der Jadestein des Marco Polo

Man hatte Marco Polo gewarnt. Die Gebirge Asiens seien unüberwindlich. Dic Wüsten undurchquerbar. Die Ströme breit und voller Wasserschlangen. In den Wäldern hausten Drachen, in den Steppen geflügelte Bestien, halb Adler, halb Löwe. Niemand sei je zurückgekehrt. Marco Polo reiste dennoch. Er wurde der erste Entdecker, der ganz Asien durchquerte, von Palästina über Persien durch die Wüste Gobi bis nach Peking. Als er um 1300 heimkehrte nach Venedig, war er reich an Erfahrung und an Schätzen. Im Gepäck trug er kostbare Gewürze, schimmernde Metalle und einen Jadestein mit dem Siegel des chinesischen Kaisers. Nun pries man ihn als Entdecker aller Wunder.

Werden Sie alle Wunder entdecken? Nicht alle, aber einige. Doch zuerst wird man Sie warnen. Wird Ihnen Gefahren und Schrecknisse ausmalen. Doch ebenso wie Marco Polo werden Sie tun, was Sie für richtig halten. Werden den Platz verlassen, den man Ihnen zugewiesen hat. Auf dem Sie lange – wenn auch in letzter Zeit nicht mehr – zufrieden waren. Und werden sich ins Neuland wagen. Werden etwas ausprobieren, was Sie immer schon gereizt hat, was Sie nur lange nicht zu tun wagten.

Gleich, wenn Sie Pläne machen, und erst recht, wenn Sie Schritte in die Tat umsetzen, kommen gute Freunde und raten Ihnen ab. Zumindest all diejenigen, die selbst nicht den Mut aufbringen. Und die es nicht mögen, wenn jemand aus der gewohnten Reihe tanzt. Die also neidisch sind.

Macht nichts. Sie lassen nur Freunde zurück, um die es nicht schade ist. Für die meisten aber wird Ihr Beispiel ermutigend sein. Dann nämlich, wenn Sie – wie Marco Polo es tat – erzählen, wie die Wasserschlangen flohen und die Drachen zahm wurden, als Sie den Kampf aufnahmen. Dann werden auch andere wagen, dem eigenen Herzen zu folgen. Statt ein Leben lang ängstlich abzuwarten. Sie selbst sind bereits im Aufbruch. Kleiner Tipp: Gewürze haben wir schon. Bringen Sie ordentlich Gold und Jade mit.

3. Der Sextant Heinrichs des Seefahrers

Heinrich der Seefahrer wird von vielen für den schlauesten Entdecker gehalten. Denn er begab sich nie selbst in Gefahr. Er ließ andere die Arbeit tun. Er entwarf Pläne, zeichnete Skizzen, ersann neue Routen und sagte dann zu irgendeinem Kapitän samt Crew: Jetzt macht ihr mal! Die Kapitäne und ihre Schiffe sind längst vergessen. Ihre Entdeckungen aber, die Küsten Westafrikas, Madeira, die Azoren, werden bis heute Heinrich dem Seefahrer nachgerühmt.

Wäre das vielleicht auch was für Sie? Gute Ideen haben, andere Leute arbeiten lassen, den Ruhm aber selbst einheimsen? Unverdient ist der Ruhm ja nicht. Ohne die Inspiration des wasserscheuen Heinrich wären die Karavellen nicht losgesegelt. Ohne seine geniale Begabung für Sternenkunde und Kartographie, ohne seine Erfindung eines Sextanten, ohne seine Träume von neuen Küsten wäre Heinrichs Heimat Portugal arm und abhängig geblieben. Das geschah um 1430, aber manches davon kennen Sie. Sonst wären Sie nicht zu diesem so genannten Seefahrer gelangt. Er war adlig, genau wie Sie. Er war neugierig, wissbegierig, visionär. Und er hatte eine Begabung, die auch Ihnen beneidenswert zur Verfügung steht: Er konnte andere für neue Ziele begeistern. Konnte wie Sie anderen Menschen neue Wege zeigen, konnte sie mit

Mut und Abenteuerlust beflügeln. Wenn Sie diese Fähigkeit einsetzen, werden Sie Ruhm und Reichtum ernten. Sie haben es verdient.

Und wenn Sie irgendwann doch die Lust packt, sich die Hände schmutzig zu machen, machen Sie es wie Heinrich. Als der fünfzig war, sagte er: Da ist noch ein blinder Fleck auf der Karte. Den erforsche ich jetzt selbst. Nahm seinen Sextanten, bestieg die beste Karavelle, stach in See. Und entdeckte das Paradies der Kapverdischen Inseln. Höchstpersönlich. Zwar wurde er seekrank auf der Reise. Aber er machte einen Scherz daraus: Nennt mich von jetzt an Henrique o navegador, Heinrich den Seefahrer, sagte er. Und so geschah es.

Na, kennen Sie das? Aber sicher. Auch das Bluffen gehört zu Ihren Stärken. Sie haben wirklich alles, was ein großer Entdecker braucht.

4. Das Fernrohr des Galilei

Einige halten Galilei für ein Genie. Dann wäre er Ihnen sehr ähnlich. Andere behaupten, er sei ein Feigling gewesen. Dann hätte er mit Ihnen überhaupt nichts gemeinsam. Aber Sie sind hierher gelangt, in den Saal der Entdecker und treten nun vor das Fernrohr, mit dem er Nacht für Nacht in den Himmel starrte. Galilei ist Ihr Kumpel. Seine Erkenntnisse, seine Eigenschaften gleichen Ihrem Genie.

Zunächst einmal: Er aß gern. Trank gern. Er schätzte die Gemütlichkeit über alles. Dieser große Geist liebte also das gute Leben. Genau wie Sie. Und während er es sich gut gehen ließ, machte er seine Entdeckungen. Beinahe nebenbei. Wie ein Spieler. Er entdeckte, wie ein Pendel schwingt. Das wissen Sie längst. Er erkannte, wie sich Gegenstände im freien Fall verhalten. Das haben Sie schon als Baby mitgekriegt, als Sie vom Tisch rollten. Und dann baute er sich ein Fernrohr, bemerkte, dass der Jupiter von Monden umrundet wird, dass ein Ring um den Saturn kreist. Und erkannte zweifelsfrei, was vor ihm schon Leute vermutet hatten: Die Erde steht keineswegs still. Nicht das Himmelsgewölbe dreht sich um sie. Sondern im Gegenteil, sie dreht sich. Sie ist ein Planet unter vielen, nur ein Mitläufer der Sonne. Kurz nachdem Galilei diese Entdeckung bekannt gegeben hatte, vor vierhundert Jahren, pochten ein paar Männer mit Daumenschrauben und einem Streckbett an seine Tür. Sie baten ihn in aller Freundschaft, seine Behauptungen zurückzunehmen. Sonst müssten sie ihm leider die Fußnägel ziehen und die Knochen kleinhäckseln. Galilei sagte: Ihr habt recht, ich muss mich geirrt haben. Die Erde steht still. Der gesamte Kosmos dreht sich um die Erde, um uns.

Na, erkennen Sie sich in Galilei? Aber gewiss. Denn wie er sind Sie auf der Suche nach der Wahrheit. Aber Sie sind nicht fanatisch. Wie er sehen Sie keinen Sinn darin, die Wahrheit triumphierend auszuposaunen, wenn die Leute sie nicht hören wollen. Sie sind kein Missionar. Kein Märtyrer. Sie wissen: Die Wahrheit setzt sich ohnehin durch. Früher oder später, das ist nicht so wichtig. Sie selbst setzen sich durch. Mit Bruder Galilei als spielerischem Begleiter.

5.
Der Kompass des Kolumbus

Kolumbus – war das nicht der, der das Ei entdeckte? Das Ei des Kolumbus? Ja, nicht schlecht! Oder der die Kartoffel erfand? Auch ziemlich nah dran! Aber hier ist die ganze Wahrheit: Kolumbus entdeckte einen Seeweg nach Indien. Vor mehr als fünfhundert Jahren segelte er los und ging wenig später an der westindischen Küste an Land. Indier nannte er die freundlichen Leute, die er da traf. Indier oder Indianer. Erst viel später sagten ihm Leute: Mensch, Christopher, das war überhaupt nicht Indien, was du da entdeckt hast, das war Amerika, aber das ist auch nicht ganz schlecht! Vielleicht sogar besser!

Kommt Ihnen das bekannt vor? Aus Ihrem eigenen Leben als Entdecker und Weltenumsegler? Aber sicher. Denn so wie Kolumbus geht es auch Ihnen. Sie suchen etwas und finden etwas ganz anderes. Und sogar Besseres. Sie rüsten sich optimal aus, wie Kolumbus haben Sie Ihren Kompass, Ihren inneren Kompass, der Ihnen den Weg weist. Und trotzdem finden Sie nicht genau das, was Sie suchen. Erst sind Sie darüber enttäuscht. Kolumbus war enttäuscht. Alle waren enttäuscht. Die spanische Königin, die ihn losgeschickt hatte, entließ ihn mit schlechtem Zeugnis aus ihren Diensten. Wie großartig seine Entdeckung war, erwies sich erst später.

Diese Erfahrung machen auch Sie. Was soll ich denn

damit? fragen Sie. Wozu passiert mir das? Sie hadern mit dem Schicksal. Und sehen nach einiger Zeit: Ihr innerer Kompass hatte mal wieder Recht. Alle vermeintlichen Umwege und Irrwege in Ihrem Leben haben Ihnen etwas gebracht. Haben Sie bereichert. Das können Sie jetzt bereits sagen, in Ihrem jugendlichen Alter. Und deshalb sind Sie mutig. Sie wissen: Was immer Ihnen passiert auf Ihrer Reise, es ist letzten Endes gut für Sie. Auch wenn andere Leute die Hände überm Kopf zusammenschlagen. Sie gehen Ihren erstaunlichen Entdecker-Weg. Mit dem freundlichen Helfer Kolumbus an Ihrer Seite.

6.
Der Globus des Vasco da Gama

Der Portugiese Vasco da Gama gehört zu den erstaunlichsten Entdeckern. Als er heimkehrte von seiner ersten Reise nach Indien, brachte er merkwürdige Heilkünste mit. So verbreitete er am Hof zu Lissabon die wundertätige Methode, erwärmtes Öl auf die Stirn zu gießen. Er lehrte die Hofköche, das Eiweiß von erhitzter Butter zu schöpfen und die gewonnene klare Essenz zu Verjüngungskuren einzusetzen. Er brachte den königlichen Leibärzten bei, wie sie zu zweit, jeder auf einer Seite, den Körper massieren konnten.

Wir wissen nicht, wie lange Vasco da Gamas sonderbare Künste am Hof praktiziert wurden. Wir ahnen allerdings, dass er damals um 1500 etwas einführte, was heute als Ayurveda begehrt und teuer ist. Und wir wissen, dass es ihn wieder ins Land seiner Entdeckungen zurückzog.

Er ließ sich vom portugiesischen König zum Vizekönig Indiens befördern, ließ sich dort nieder und blieb glücklich bis an sein Lebensende.

Vasco da Gama war ein Entdecker neuer Handelswege. Und zugleich ein Entdecker des Wissens. Genau das beides sind auch Sie. Wie er vermögen Sie beides zu vereinen: den Weg des Handelns, des Erfolges, der äußeren Ziele – und den Weg heilsamen Wissens. Sie wissen, dass sich Weisheit und Karriere nicht ausschließen. Und beides ist Ihnen zugedacht.

Sie haben die Voraussetzungen des Vasco da Gama: den Mut, neue Wege zu gehen. Und die Offenheit, fremdes Wissen aufzunehmen. Die meisten Entdecker reisten mit Missionaren im Gefolge. Nicht Vasco da Gama. Er wollte nicht anderen Menschen seine Wahrheit überstülpen. Er interessierte sich für die Wahrheit der Fremden.

Jetzt, in dieser Lebensphase, erwacht diese Aufgeschlossenheit auch in Ihnen. Und das führt dazu, dass Sie immer weiter, immer offener werden. Immer mehr Begrenzungen ablegen. Und zur Freiheit gelangen.

7. Das Astrolabium des Johannes Kepler

Sternenkarten, Linsen und Spiegel, ein Teleskop, ein Himmelsglobus gehören zum Astrolabium des Johannes Kepler. Daneben liegen die auf Pergament geschriebenen Horoskope der Herrscher seiner Zeit. Denn Kepler entdeckte nicht nur, dass der Mond das Geschehen auf der Erde beeinflusst. Er berechnete nicht nur die Bahnen der Planeten. Er erkannte auch, dass sich aus dem Weg des Mondes und der Planeten Rückschlüsse ziehen lassen auf den Lebensweg eines Menschen. Kepler war nicht nur der bedeutendste Astronom der Renaissance. Er war zugleich ihr meist bewunderter Astrologe. Stars wie Wallenstein und Kaiser Rudolf ließen sich von ihm die Zukunft deuten. Kepler galt als weise und bescheiden. Doch seine Entdeckungen machten ihn reich.

Weisheit und Reichtum – ist das vielleicht eine Kombination für Sie? Aber ganz genau! Es ist kein Zufall, dass Sie an Meister Kepler geraten sind. Sie haben seine Talente, haben seine Wendigkeit, seine Klugheit, sein intuitives Wissen. Weisheit und Reichtum sind Ihnen als Bestimmung auf den Weg gegeben: innere Fülle und äußere Fülle. Sie sind jetzt dabei, beides zu entwickeln.

Sie sind eine Entdecker-Persönlichkeit. Aber Sie sind kein Haudegen. Ihre Entdeckungsreisen sind in erster Linie Reisen des Geistes. Sie wagen sich bis an die Grenzen des Wahrnehmbaren, getrieben von dem Wunsch, die Wahrheit zu erkennen – und anderen damit zu helfen. Kepler erkannte, dass die Bewegungen am Himmelsgewölbe ihre Entsprechung haben in den Bewegungen im Inneren des Menschen. Er war der große Psychologe unter den Entdeckern.

Und das sind Sie auch. Sie sind schon unterwegs auf Entdeckungsreise in der äußeren Welt. Und zugleich auf Entdeckungsreise in der Seele. Beides bedingt einander, haben Sie erkannt. Alles hängt mit allem zusammen. Und wenn Sie auf Ihrem abenteuerlichen Weg ganz nebenbei reich werden – tja, warum nicht? Verdient haben Sie es. Und was Sie verdienen, genau das kriegen Sie.

8.
Die Dose des Peter Henlein

Peter Henlein war ein Schlosser um 1500. Was er entdeckte, hielten alle für unmöglich. Dieser Mensch ist zum Scheitern verurteilt, gab der Stadtrat von Nürnberg bekannt, als Peter Henlein um Unterstützung bat. Kennen Sie das? Dass Sie etwas vorhaben, etwas Neues, und die Leute schütteln nur den Kopf? Sie kennen das. Sie kennen auch das Gefühl der Entmutigung, wenn ein Freund durchblicken lässt, dass er von Ihren Träumen, Ihren Zielen nichts hält.

Zugleich jedoch kennen Sie das Gefühl des Trotzes. Und falls nicht, werden Sie es jetzt kennen lernen. Denn Sie sind in einer Phase Ihres Lebens, in der Sie allen Schlechtmachern, Unken, Schwarzmalern trotzen. In der Sie unbekannte Seiten der Welt und von sich selbst entdecken. In der Sie Ihre Träume umsetzen. Ihre Ziele erreichen.

Wie war das mit dem tapferen Schlosser Peter Henlein? Er behauptete, dass das, was im Großen funktioniert, auch im Kleinen gehen müsste. Er sah die großen Räderuhren, die seit noch nicht langer Zeit an wichtigen Türmen prangten. Und er entdeckte, wie man mit einer gespannten Feder statt mit einem wuchtigen Gewicht eine Uhr antreiben konnte. Er erfand die Uhr, die in eine Dose passte. Die Dosenuhr, aus der die Taschenuhr wurde. Wie er darauf kam? Er beschäftigte sich lange damit. Und träumte eines Nachts die Lösung.

Das wird Ihnen jetzt auch gelingen. Mit einem Rätsel einschlafen und mit der Lösung aufwachen. Das ist das eine. Aber das andere an Henleins Entdeckung ist noch bedeutender. Bis zu seiner Erfindung hatten Autoritäten über die Zeit geboten. Die Uhr am Rathaus und am Dom besagten, wer die Stunden maß: die Regierung, die Kirche. Mit Henleins Entdeckung konnte jeder seine eigene Zeit messen. Konnte zum Maßstab des eigenen Lebens werden. Sich selbst regieren. Genau das erfahren Sie jetzt in dieser neuen, bunten Lebensphase. Sie unterwerfen sich nicht länger fremden Maßstäben oder fremden Wahrheiten. Sie entdecken Ihre eigene Wahrheit. Ihre Unabhängigkeit. Und die wunderbare Freiheit, dem eigenen Gespür zu folgen. Entdecken Sie Ihren eigenen großartigen Weg.

9.
Die Wäscheklammer des Johannes Gutenberg

Sie erinnern sich an Ihren alten Freund Gutenberg? Genau. Er war Sohn eines Edelbürgers in Mainz. Und sah absolut nicht ein, wieso seine Mutter ihn zum Aufhängen der Wäsche schickte. Buchkünstler wollte er werden, und Kleinkram wie nasse Wäsche war seiner Ansicht nach Sache der Mägde. Die pure Folter, dachte der junge Gutenberg.

Bis er seinen Genieblitz hatte. Und das geschah, als ihm ein paar Wäscheklammern in den Staub fielen. Er hob sie auf. Und entdeckte, dass sie Abdrücke hinterlassen hatten. Abdrücke im Staub. Klar. Aber er sah darin mehr. Und das ist seiner Erfindungskraft zu danken. Genau derselben genialen Kraft, die sich in Ihnen regt.

Er sah Buchstaben in den Abdrücken. Und es kam ihm in den Sinn, was bis dahin niemandem eingefallen war: dass man mit einzelnen Buchstaben aus Holz oder Metall drucken könnte. Bis dahin hatte man zum Drucken immer eine ganze Buchseite in Holz geschnitzt, dann eingefärbt und Papier darauf gepresst. Umständlich. Mühsam. Gutenberg hatte die revolutionäre Idee: Ich stelle erstmal viele einzelne Buchstaben her. Und setze die dann zu Worten und Sätzen und Seiten zusammen. Und wenn eine Seite oft genug gedruckt ist, kann ich die Buchstaben wieder verwenden und die nächste Seite daraus zusammensetzen. Das war um 1450. Fünfzig Jahre später gab es in Europa schon tausend Druckereien nach dieser Methode. Und zwanzig Millionen Bücher waren gedruckt. Es lohnte sich, lesen zu lernen. Das Zeitalter der Information hatte begonnen.

Gutenberg ist Ihr Patron. Genau wie er sind Sie in der Lage, aus lästigen Arbeiten kreative Ideen zu filtern. Genau wie er entdecken Sie in gewöhnlichen Dingen Möglichkeiten, die niemandem sonst auffallen. Sie sind in eine Epoche Ihres Lebens eingetreten, in der Sie das Zeug haben zu bahnbrechenden Ideen. Und in der Sie sich zutrauen, diese Ideen umzusetzen. Vergessen Sie nicht, ein Patent darauf anzumelden. Sonst tun wir das. Und räumen ab.

Raum 2

Der Saal der Diener

Oh je, Sie [illegible] Sankt [illegible] gewesen? [illegible] soll das denn heißen? [illegible] Sie [illegible] und [illegible] [illegible] die Insignien [illegible] [illegible] nichts besser [illegible] können, als [illegible] Denn [illegible]. Und so finden Sie hier auch die [illegible] ßen, die sich – wie vor mehr [illegible] noch Gan- dig oder [illegible] Teresa – als Diener der Menschheit ver- standen. [illegible] Wenn Sie [illegible] bedeutet [illegible]

Oh je, Sie sind in den Saal der Diener geraten! Was soll das denn heißen? Dass Sie von jetzt an Tabletts mit Gläsern und Häppchen durch blasierte Gesellschaften balancieren? Dass Sie einen schwindsüchtigen Baron nachts wachrütteln, um ihm die Schlaftabletten zu reichen? Nein. Sehen Sie sich um. Im Saal der Diener finden Sie die Insignien von Edlen und Heiligen, von Wohltätern und Wunderheilern, von gepriesenen Ratgebern, sogar von Mächtigen. Denn, sprach der weise Sokrates, Diener können zwar ohne Herrschaften leben, aber Herrschaften nicht ohne Diener, und deshalb sind die Diener die eigentlichen, die heimlichen Regenten. Diejenigen, die nichts beweisen müssen. Die sich Bescheidenheit leisten können. Aus deren Demut die Meisterschaft glänzt. Und so finden Sie hier auch die Zeichen einiger Geistesgrößen, die sich – wie vor nicht allzu langer Zeit noch Gandhi oder Mutter Teresa – als Diener der Menschheit verstanden. Als Befreier, als Heiler, vielleicht sogar Retter. Wenn Sie also in diesen Saal gelangt sind, dann bedeutet es vor allem eines: dass für Sie eine Zeit des Gebens begonnen hat. Erschreckt Sie das? Weil Sie eigentlich lieber nehmen wollen? Trösten Sie sich: Wer gibt, bekommt viel mehr, als derjenige, der sich aufs Nehmen spezialisiert. Wer immer haben will, wird sich stets arm fühlen. Wer gibt, fühlt sich reich. Das ist ein psychologisches Gesetz. Und Sie brauchen ja nicht gleich Ihr Geld zu verschenken. Obwohl wir durchaus Interesse hätten. Es kann wichtiger sein, dass Sie Ihren Rat geben. Ihre Aufmerksamkeit schenken. Ihre Freundlichkeit. Ihre Hilfe. Liebe setzt sich aus unauffälligen Gesten und kleinen Taten zusammen. Und Sie haben beschlossen, spendabel zu sein mit solch liebevollen Kleinigkeiten. Weil Sie merken, dass es Sie bereichert. Weil Sie sich hundertprozentig wohl damit fühlen. In Ihrem Leben beginnt jetzt eine Phase des Überflusses. In der Sie sich leisten, Gutes zu tun. Womit Sie sich selbst den besten Dienst erweisen.

Sie sehen in diesem Saal neun Wahrzeichen berühmter Diener, Helfer und Wohltäter. Sie sehen Edelsteine und getrocknete Pflanzen, altertümliche Geräte und Arzneifläschchen, zerfledderte Bücher, dazu ein paar befremdliche Gegenstände, deren Bedeutung Ihnen nicht gleich klar wird. Wenn Sie näher herangehen, erkennen Sie die Spuren des Gebrauchs, die Spuren jener Wohltäter, deren Wirken noch anhält und deren Anwesenheit in diesem Raum beinahe körperlich spürbar ist.

Einer dieser Diener wird Sie unterstützen. Er oder sie verkörpert die Kräfte, auf die Sie sich verlassen können. Welche Kräfte das sind? Das erkennen Sie aus dem Tag Ihrer Geburt zusammengenommen mit dem heutigen Tag. Sie sind an einem 19. geboren? Und heute ist der 7.? Dann rechnen Sie die beiden Zahlen zusammen und ziehen Sie die Quersumme. 19 und 7 ergeben 26. Die Quersumme von 26 ist 8.

Das bedeutet: Der achte Gegenstand symbolisiert Ihre

Kräfte. Es ist der Korb der Elisabeth von Thüringen. Mit diesem Korb vollzog sich ein magisches Wunder, das die Gegner dieser Heilerin verstummen ließ und an dem ihre Anhänger erkannten, dass sie erleuchtet war.

Aber rechnen Sie nach, welcher der neun erlauchten Diener Ihnen zugeteilt ist. Und schlagen Sie die Seite auf.

1.
Der Jaspis der Hildegard von Bingen

Dieser funkelnde Jaspis ist der einzig erhaltene Edelstein der Hildegard von Bingen. Er stammt nicht aus ihrem Schatzkästlein, sondern aus ihrer Hausapotheke. Denn Hildegard heilte mit Edelsteinen. Aber auch mit Kräutern. Oder mit Baumharzen. Sie heilte mit Blütenessenzen. Magischen Formeln. Durch Handauflegen. Aber letzten Endes, sagte sie, muss die Heilung des Menschen von der Seele ausgehen.

Sie war eine frühe psychosomatische Ärztin. Andere sagen: eine Wunderheilerin. Sie war ein Universalgenie des Mittelalters. Und dass ausgerechnet Sie jetzt an die Wahrzeichen eines Universalgenies gelangt sind, gibt uns zu denken.

Dann bricht für Sie eine Zeit an, in der Sie Ihre genialen Begabungen endlich beleben. Sie sind lange bequem auf einem Gleis gefahren. Haben sich freiwillig eingeschränkt. Von Ihren Gewohnheiten in Fesseln legen lassen. Damit ist jetzt Schluss.

Alles spricht dafür, dass Sie etwas erleben, was auch Hildegard erlebt hat: eine Art Erweckungserlebnis. Als sie zweiundvierzig war, wurde sie von gleißend hellem Licht warm überströmt. Und auf einmal war ihr der Sinn sämtlicher weiser Schriften klar. Was andere jahrzehntelang studieren und nie recht begreifen, eröffnete sich ihr auf einen Schlag. Sie sah, dass alles miteinander verbunden ist. Dass sich in jedem Menschen der Kosmos spiegelt. Sie erkannte die Wahrheit.

Die Stars ihrer Epoche, darunter Barbarossa und Bernhard von Clairvaux, suchten nun ihren Rat. Der fiel nicht immer sanft aus. Als man sie bat, zu versammelten Kirchenoberen in Köln zu sprechen, erzählte sie denen, sie seien gierig, geil und eitel und weit entfernt vom göttlichen Licht, vielmehr seien sie eine Nacht, die Finsternis ausatmet. Das hatte zur Folge, dass sie nie heilig gesprochen wurde. Daran lag ihr auch nichts. Es ging ihr nicht um das Lob von Autoritäten, sondern um Wahrheit.

Genau wie Ihnen. Die Zeit fauler Kompromisse ist vorbei. Sie werden das Licht anknipsen. Ihr eigenes Licht. Und Ihre phantastischen inneren Schätze heben. Sie funkeln bereits!

2.
Das Notizbuch des Leporello

Da haben Sie sich den Richtigen ausgesucht. Den Spaßmacher. Den Entertainer. Den Lebenskünstler unter den Dienern. Geschmeidig, anpassungsfähig, flink meistert er jeden Konflikt. Und während andere, plumper gestrickte Herrschaften sich ihm überlegen dünken, sahnt er ab und ist am Ende der Überraschungssieger.

Das ist offenbar auch Ihnen beschieden. Sonst wären Sie nicht zu diesem cleveren Schelm gelangt. Sie wissen: Der legendäre, der historische Leporello war Diener des Edelmannes Don Juan. Er war der Mitspieler, der Strippenzieher, ohne den der zielstrebige Kavalier keine Eroberung machen konnte. Leporello führte Buch über die Liebschaften des Don Juan, damit wenigstens einer den Überblick behielt. Er übernahm schwierige Aufträge. Arrangierte komplizierte Intrigen. Tauschte mit seinem Chef die Rollen, denn er war in der Lage, ihn perfekt zu imitieren. Er tröstete Verlassene. Beschwichtigte Misstrauische. Lenkte Störenfriede auf heitere Weise ab. Kurz, während sein herrischer Freund einfach nur seinem Willen folgte, handelte Leporello mit wendiger Verwandlungskunst und einfühlsamer Menschenkenntnis. Sein Chef verhöhnte diese Tugenden und erlebte den totalen Crash. Leporello erbte Villa und Landgut.

Sie sind jetzt in einer Phase, wo Sie die Talente des Leporello einsetzen können. Wo Ihr Understatement gefragt ist. Während andere herumprotzen, gelangen Sie mit Flexibilität und Freundlichkeit zum Ziel. Während andere meinen, alle müssten sich ihrem Willen beugen, lassen Sie Freunde, Partner, Kollegen zum Zuge kommen. Während andere dem Wunschdenken frönen und gegen die Wände des Schicksals krachen, folgen Sie den Fingerzeigen der Wirklichkeit. Mögen andere den Ehrgeiz haben, als Erster aufs Treppchen zu steigen. Es reicht Ihnen völlig, am Ende der Sieger zu sein.

Glückwunsch. Und wenn Sie dann Villa und Landgut schön eingerichtet haben, laden Sie uns freundlicherweise mal ein.

3.
Die Reitgerte des Sancho Panza

Ah, Sie sind der Heiler aller Schwärmer, aller Phantasten! Ihre Worte sind pure Medizin für abgedrehte Traumtänzer. Jeden Himmelsstürmer holen Sie mit einem kleinen Scherz von seiner Wolke und schicken ihn zum Geschirrspülen oder zum Aufräumen seines Zimmers. Das ist gut, das ist eine willkommene Begabung. Wir alle haben einen Hang zum Aufenthalt in Utopien, zum Wegdriften in Luftblasen. Und Sie sind der Heiler, der uns zurückholt in die Gegenwart. In die Wirklichkeit dieses Augenblicks. Sie tun es nicht immer sanft. Sondern zuweilen mit einem bissigen Wort. So wie Sancho Panza seinen Esel an die Gegenwart erinnerte. Mit einem kleinen Hieb seiner Reitgerte. Und genau wie er machen Sie das perfekt.

Sie kennen Ihren historischen Kollegen Sancho Panza? Genau, das war der Diener des Don Quijote. In Wahrheit war Sancho Panza der Überlegene, aber Leute, die überlegen sind, können es sich bisweilen leisten, als Diener aufzutreten. Genau wie Sie. Sie dienen der Welt mit Witz und einer Prise Spott, mit sicherem Instinkt und pfiffigem Realismus.

Doch wenn Sie jetzt, in diesem Stadium Ihres Lebens, zu Sancho Panza gelangt sind, hat das eine besondere Bedeutung. Wir, die wir immer mal wieder unseren eigenen

Hirngespinsten auf den Leim gehen, sind natürlich nicht auf Anhieb begeistert, wenn Sie unserem Luftballon einen kleinen Pieks versetzen. Doch letzten Endes sind wir immer dankbar.

Und nun ist es Zeit, dass Sie sich selbst diesen Dienst erweisen. Dass Sie Ihre eigenen Wunschvorstellungen abklopfen. Ebenso wie Ihre eigenen Befürchtungen. Dass Sie die Glaubenssätze abklopfen, die sich beharrlich zwischen Ihre Wahrnehmung und die Wirklichkeit schieben. Genau das bedeutet es, dass Sie zu Old Sancho gelangt sind. Es sind ganz einfache Gedanken, die Ihren Blick einschränken. Und wenn Sie sich das nächste Mal ärgern, wenn Sie sich das nächste Mal ängstigen, fragen Sie sich ganz einfach: Wer wären Sie ohne diesen Gedanken? Wie würden Sie sich ohne ihn fühlen? Frei. Wach. Wie von der Reitgerte des Sancho getroffen. Sie haben sie in der Hand.

4. Die Zange der Justina Siegmund

Das ist keine Kneifzange, das sehen Sie gleich. Auch keine Flachzange. Es handelt sich um eine Geburtszange. Justina Siegmund, auch die Siegemundin genannt, war die berühmteste Hebamme Europas. Vor etwas mehr als dreihundert Jahren erfand sie wegweisende Techniken zum Erleichtern schwieriger Geburten. Als erste Frau schrieb sie ein Buch über die Hebammenkunst. Und dabei berief sie sich nicht auf Glauben, Sitte, Tradition, sondern auf Erfahrung. Auf die fünftausend Kinder, die sie ans Licht geholt hatte. Der brandenburgische Kurfürst machte sie zur sogenannten Hof-Wehen-Mutter und ehrte sie mit den höchsten preußischen Orden.

Das sei ihr alles gegönnt, schön und gut, aber Sie wollen keine Hebamme werden? Gynäkologie möchten Sie ebenfalls nicht studieren? Macht nichts. Dass Sie hierher gekommen sind, in den Raum der Diener und nun zur Siegemundin, zeigt etwas ganz anderes: Sie haben die Begabung, Verborgenes ans Licht zu holen. Nicht nur bei sich selbst. Auch bei anderen. Sie haben das Talent aller großen Gurus und Lehrmeister. Weisheit zu lehren, sprach Sokrates, ist nichts anderes als Hebammenkunst. Die Kunst, etwas ans Licht zu bringen, was zwar schon da, aber noch verborgen war. Sie sind jetzt in einer Phase Ihres Lebens, in der Sie verborgene Talente ans Licht holen. Wo etwas reif ist, geboren zu werden. Es kann sich um eine schöpferische Tat handeln. Um ein neues Projekt. Um Wechsel und Neubeginn. Auf jeden Fall um Wachstum. Und nicht nur Sie selbst durchlaufen so eine Art Neugeburt. Sie sind auch in der Lage, wie die Siegemundin oder wie Sokrates, anderen bei Aufbruch und Neubeginn zu helfen. Sie geben einfühlsam Rat. Hören heraus, was jemand will oder braucht, noch bevor es ihm selbst recht bewusst ist. Wie eine Hebamme auf die Herztöne des Kindes horcht, erlauschen Sie, was jemandem gut tut, wann ein tiefgreifender Wandel fällig ist. Und wie die ruhmreiche Ordensträgerin des 17. Jahrhunderts pfeifen Sie dabei auf Glauben, Sitte, Tradition. Sie verlassen sich einzig auf Ihre Erfahrung. Auf Ihr inneres Wissen. Die Intuition. Ihre Hebammenkunst.

5.
Die Hörner des Mephisto

Mephisto? Luzifer? Soll das heißen, Sie sind mit dem Teufel im Bunde? Oder sind es sogar selbst, höchstpersönlich? Ja, genau. Sind Sie. Schön, Sie mal wieder hier zu haben. Erzählen Sie doch mal ein bisschen aus der Hölle. Was machen die Sünder? Schmoren so vor sich hin? Und wie geht's Ihrer Großmutter?

Nun, so gerne Sie der Teufel wären und uns alle ein bisschen erschrecken würden – Sie sind es nicht. Dass Sie zu Mephisto gelangt sind, dem boshaften Diener des Doktor Faust, das bedeutet allerdings etwas. Es bedeutet, dass Sie jetzt die diabolische Seite Ihres bunten Charakters ein wenig heraushängen lassen. Das wird Ihnen gut tun.

Faust und Mephisto sind zwar zwei verschiedene Personen. Doch in Wahrheit stellen die beiden nur zwei Seiten derselben Persönlichkeit dar. Ihrer werten Persönlichkeit. Und jetzt ist bei Ihnen mal die Mephisto-Seite dran. Sie erinnern sich dunkel: Ohne den Diener Mephisto würde der gelehrte Faust in seinem Studierzimmer verdämmern. Würde sich in seinen Gedankengebäuden verirren. Mit Mephisto nicht. Mephisto ist der diabolische Hinterntreter. Der Aufreißer. Der Wachmacher. Das teuflische Energiebündel.

Und dieser teuflische Energiekick, der ist jetzt dran

bei Ihnen. Los, schnallen Sie sich die roten Hörner auf den Kopf. Oder, Augenblick, warten Sie! Sagen Sie mal, wenn Sie Ihr spärliches Haar ein bisschen zur Seite streichen – nanu, oho! Ja, da sind sie ja schon, die Teufelshörner! Na, bitte! Also tun Sie nicht so brav und harmlos. In Ihnen steckt ein frecher, pferdefüßiger Schelm. Ein Schabernack treibendes Beelzebübchen und Beelzemädchen. Ein Widersacher. Versucher. Ein feuriges Wesen mit knisterndem Blick. Also, los!

Genau diese mephistophelische Energie ist Ihr Ding. Mit diesem Witz, dieser Frechheit, dieser Angriffslust kommen Sie jetzt weiter. Mit Mephisto an Ihrer Seite hüpfen Sie über jedes Hindernis. Sie müssen ihn nur rauslassen. Er ist ohnehin da. Als eine Seite Ihrer Persönlichkeit. Und es ist bei weitem lustiger, wenn wir alle ihn sehen dürfen. Ihr Auftritt, Mephisto! Fangen Sie an!

6.
Die Rose des Paracelsus

Arzt, Astrologe, Theologe, Alchemist: Paracelsus war alles und noch mehr. Er war die bedeutendste Heilerpersönlichkeit zwischen Mittelalter und Neuzeit. Ein Diener der Menschheit. Wenn das auch zu seiner Zeit nicht alle anerkennen wollten. Genies haben es schwer. Wer wüsste das besser als Sie?

Die Rose des Paracelsus ist Gegenstand seines berühmtesten Kunststücks. Zahlreiche Besucher haben es bezeugt. Man brachte eine Rose und warf sie in sein Kaminfeuer. Er ließ sie verbrennen. Dann nahm er die Asche. Sprach leise ein Wort. Die Rose erstand aufs Neue.

Zauberei oder Macht über die Materie: Paracelsus faszinierte die Menschen mehr als jeder andere. Weshalb Bürgermeister und Standesführer ihn ungern lange in der Stadt behielten. Sein Leben verlief unstet. Doch wer die Stille erfahren hat, sprach er, bleibt von allen Wechselfällen unberührt.

Dass Sie zu Paracelsus gelangt sind, bedeutet, dass Sie eine magische Ausstrahlung haben. Jawohl, haben Sie. Und Sie wollen tun, was Paracelsus tat. Er lehnte sich auf gegen die Autoritäten seiner Zeit. Und ging den Weg eigener Erfahrung. Er glaubte nicht, was ihm eingetrichtert wurde. Alles, was gelehrt werden kann, ist nicht wert gelernt zu werden, erklärte er. Das war vor fünfhundert Jahren radikal. Und ist es auch jetzt noch.

Sie sind genauso ein Radikaler wie Paracelsus. Alles, was Sie gelernt haben, ist zwar irgendwie nützlich. Doch Sie wollen tiefer gehende Erfahrungen machen. Wollen jene Stille in sich entdecken, die von allen Wechselfällen unberührt bleibt.

Was uns jetzt schon freut, ist: Auf dem Weg dahin werden Sie jede Menge Entdeckungen machen. Paracelsus mixte hochwirksame Arzneimittel, erfand Kuranwendungen, erlernte die Gabe der Prophetie, erkannte die Gesetze des Kosmos, entwickelte Heilmethoden. Kurz, auf dem Weg zur Erleuchtung erleuchtete er andere. Genau wie Sie. Und dann zeigte er ja noch den Trick der Rose. Wann dürfen wir bei Ihnen damit rechnen?

7. Der Umhang des Franz von Assisi

Der heilige Franz? Was bedeutet das denn? Dass Sie demnächst den Fischen und den Vögeln predigen? Zuzutrauen wäre es Ihnen. Oder dass Sie bald heilig gesprochen werden? Viel fehlt ja nicht mehr. Oder wollen Sie einen Bettelorden gründen und als Erstes uns um Almosen bitten? Das wäre zweifellos die einträglichste Lösung.

Wir sind gespannt. Tatsächlich sind Sie zu Franziskus gelangt, weil manches in seiner Biographie den Stationen in Ihrem Leben auffallend ähnelt. Und weil gerade jetzt eine Zeit angebrochen ist, in der Sie merken: Sie wollen mehr. Mehr als arbeiten, essen, fernsehen, Auto fahren, sonntags ausschlafen, sich gelegentlich abreagieren und einigermaßen zufrieden sein. Sie spüren, da ist mehr drin.

Genauso ist es Franz gegangen. Der kam aus gutem Hause wie Sie. War so sexy wie Sie. Hat das ausgenutzt wie Sie. Er hat ein lustpralles Leben geführt. Hat alles und noch mehr gemacht. Und ist schließlich, weil ihm dieses Abenteuer noch fehlte, sogar als Ritter in den Krieg gezogen. Assisi gegen Perugia. Das war um 1200. Und plötzlich war Schluss mit dem Zauber. Er wurde gefangen gesetzt. Und im Gefängnis merkte er: Ich brauche das ganze bisherige Brimborium nicht. Das Glück kommt woanders her.

Es war eine Art Erwachen. Er fühlte sich von Licht überflutet. Und das Licht blieb. Er brauchte kein Wohlleben mehr, verzichtete auf sein Erbe, lebte fortan so einfach wie möglich. Das Glücksgefühl verließ ihn nicht mehr. Ich diene den Menschen, indem ich zeige, dass wir nichts anderes brauchen als die Sonne und den Mond, den Wind und die Wolken, die Quelle und das Feuer, die Erde und die Blumen, sagte er.

Und diese Gewissheit ist auch in Ihnen. Zumindest als Ahnung. Es beginnt jetzt eine Zeit, in der Sie Ihr Leben entwirren. In der Sie es einfacher machen. Klarer. In der Sie Überflüssiges abstreifen. Ballast auf den Recyclinghof bringen. Und sich leichter fühlen. Lichter.

Sollten Sie dann mal vorhaben, den Vögeln zu predigen, rufen Sie an. Das würden wir uns ganz gern mal anhören.

8.
Der Korb der Elisabeth von Thüringen

Elisabeth war ein Königskind. Genau wie Sie. Und ebenso wie Sie verkörperte Sie ein Königtum des Herzens. Sie war der Ansicht, dass Herrscher dem Volk dienen sollten. Dass Glückliche von ihrem Glück abgeben können, ohne das Geringste zu verlieren. Damit hatte sie Recht. Das beste Beispiel lieferte sie selbst. Sie teilte ihr Glück und wurde nur glücklicher dabei. Schenkte und gewann stets. Alle konnten es sehen. Aber einige Leute in ihrer Umgebung irritierte das. Und das könnte auch Ihnen passieren.

Elisabeth hatte als ungarische Königstochter den Grafen von Thüringen geheiratet. Kurz nach 1200 war das. Bald wurde sie Mittelpunkt der Feste auf der Wartburg. Ohne dass sie sich darum bemühte. Ein inneres Leuchten ging von ihr aus. Genau wie bei Ihnen. Und dieses Leuchten hatte damit zu tun, dass sie ein einfaches Leben führte. Dass sie sich nicht bemühte, etwas Besonderes darzustellen. Dass sie Ja sagte, wenn sie Ja meinte, und Nein sagte, wenn sie Nein meinte. Sie verstellte sich nicht.

Klingt einfach. Aber es gehört Mut dazu. Sie wissen das. Elisabeth wurde von Troubadouren besungen und von Dichtern verehrt. Die anderen Leute am Hof waren neidisch. Und dass sie ihrer Eingebung folgte und armen

Leuten etwas abgab vom Wohlleben, das kam bei Hof nicht gut an. Als sie im Winter mit einem Korb voller Brote das Schloss in Richtung Stadt verließ, fing ihr Mann sie ab. Was hast du im Korb? Er riss das Tuch weg. Der Korb enthielt nichts als Rosen. Im Winter. Der Mann fiel auf die Knie. Elisabeth brachte den Korb zu den Hungernden. Und verteilte das Brot.

Seither galt sie als erleuchtet. Aber wir wollen nicht übertreiben. Vielleicht ist die Geschichte erfunden. Doch etwas ist damals passiert. Etwas, das eines bedeutet: Wer anderen Gutes tut, wird unterstützt. Wer sich im Einklang mit seinen innersten Impulsen befindet, der braucht nichts zu fürchten. Der hilft und heilt von selbst. Ja, Elisabeth ist eine große Heilerin geworden. Mal sehen, was mit Ihnen jetzt passiert. Denn dass etwas in dieser Richtung passiert, das ist sicher.

9.
Der Doktorhut des Johann Eisenbart

Ah, Sie sind der Doktor Eisenbart, kurieren die Leut nach Ihrer Art? Können machen, dass die Blinden gehn und dass die Lahmen wieder sehn? Das klingt verheißungsvoll. Wahrhaftig, Ihr Patron ist einer der berühmtesten Ärzte Deutschlands. Das hat seinen guten Grund. Doktor Eisenbart war der unumstrittene Star unter den Heilern seiner Zeit. Zwischen 1700 und 1750 war er mit einer Truppe von Gauklern, Musikern und Animateuren ständig auf Tournee durch Mitteleuropa. Ein Mann, der seine Erfolge keineswegs geheim hielt. Und den man – wie wohl bald auch Sie – in Liedern besang. Es hat ein Mann in Langensalz einen schweren Kropf am Hals? Den schnüren Sie mit dem Hanfseil zu, dann ist es gut, dann hat er Ruh. In Prag, da nehmen Sie einem Weib die Nierensteine aus dem Leib; der letzte ist ihr Leichenstein, nun wird sie wohl kurieret sein. Das ist die Art, wie ich kurier, spricht Eisenbart, ich bürg dafür, dass jedes Mittel Wirkung thut, ich schwör's bei meinem Doktorhut.

Dieses Lied entstand lange nach dem Wirken des Doktors. Doch die Art des Nachruhmes sagt etwas aus. Auch über Sie. Von allen Wohltätern machte Ihr Patron am meisten Wind um seine Künste. Zweifellos war er erfolgreich. Er heilte Leute nicht nur auf Jahrmärkten und Wochenmärkten. Er erlangte Ruhm an den Höfen als Operateur des Grauen Star, als Chirurg von Polypen, Darmvorfällen, Gallensteinen. Er entwickelte Operationsmethoden, stellte neuartige Arzneimittel her und verschickte sie in ganz Europa. Er war ein Topstar. Und dafür sorgte er selbst. Er war ein glänzender PR-Künstler in eigener Sache. Wie Sie. Er sah nicht ein, dass er seine sensationellen Heilungen geheim halten sollte. Wozu auch? Wenn er anderen damit helfen konnte? Also, kommen Sie. Raus aus dem Schatten. Setzen Sie sich den Hut des Doktor Eisenbart auf. Sie leisten eine Menge. Sie haben es verdient, dass man es anerkennt. Dass man Ihre heilerische Begabung honoriert. Was immer Sie tun – Hände auflegen, massieren, per Fernheilung Licht senden – Sie werden Erfolg haben. Und Sie sollten diesen Erfolg feiern. Wir freuen uns! Auf Ihr Coming Out als Wohltäter!

Raum 3

Der Saal der Ritter

Sie betrachten [illegible] Saal mit [illegible] [illegible]. Die [illegible] [illegible] [illegible] [illegible] [illegible]

[illegible]

sen Saal geraten sind. Denn das Thema [illegible] ist Kampf. Es geht um Streit. Um Gegensätze. Um Rivalität. Es geht [illegible], wie Sie in Ihrem Leben [illegible] Auseinandersetzungen [illegible]. Wie Sie [illegible] [illegible] Wie Sie [illegible] [illegible]

[illegible]

Sie betreten einen Saal mit schwerer Balkendecke. Die Wände sind getäfelt. In der Mitte steht ein Eichenholztisch mit geschnitztem Gestühl. Doch gemütlich ist dieser Saal nicht. Zu sehr gleicht er einer Waffenkammer. Sie erkennen Kettenhemden, Harnische, vollständige Rüstungen, dazu Visierhelme und Streitkolben, Schilde und Lanzen.

Sie haben sich vielleicht nie besonders für Ritter erwärmen können. Es ist Ihnen einigermaßen gleichgültig, ob so ein Kerl einen Kegelhelm trug oder einen Kübelhelm, einen Plattenpanzer oder einen Ringpanzer, und ob er mit Schwert oder mit Armbrust durch die Landschaft trabte. Das ist nicht Ihr Problem.

Und doch ist es alles andere als Zufall, dass Sie in diesen Saal geraten sind. Denn das Thema dieses Saales ist Kampf. Es geht um Streit. Um Gegensätze. Um Rivalität. Es geht um die Art, wie Sie in Ihrem Leben Auseinandersetzungen ausfechten. Wie Sie Reibereien durchstehen. Wie Sie Konflikte zur Entscheidung bringen.

Dass Sie ausgerechnet jetzt in den Saal der Ritter getreten sind, bedeutet: Eine Auseinandersetzung ist fällig. Jetzt. In allernächster Zeit. Ein bedeutender Konflikt, den Sie lange aufgeschoben, vielleicht sogar verleugnet haben, ist reif. Es ist nicht gut, wenn Sie ihn länger schmoren lassen. Sie müssen ihn angehen. Und Sie wollen ihn angehen. Sie sind jetzt in der Lage dazu.

Denn auch das bedeutet Ihr Eintreten in den Saal der Ritter: Sie haben jetzt alle erforderlichen Fähigkeiten. Sie verfügen über das Talent, klare Grenzen zu setzen. Sie vermögen Entscheidungen zu fällen. Können Ihr Ziel ins Visier nehmen. Konflikte auf dem Weg dorthin durchstehen. Und Sie können all das viel besser und klarer, als Sie es sich bislang zutrauten.

Jetzt entdecken Sie eine alte Rittertugend, die wenig beachtet in Ihrer Brust schlummerte. Sie entdecken Ihren Mut. Und Sie werden dabei unterstützt.

Sie sehen mittelalterliche Waffen in diesem Saal. Es handelt sich um die echten Ausrüstungen ruhmreicher Ritter. Wenn Sie etwas näher herangehen, erkennen Sie die Spuren alter Kämpfe.

Jeder dieser Ritter hat Auseinandersetzungen bestanden, Fehden ausgefochten, jeder ist mutig für seine Ziele eingetreten, jeder allerdings auf etwas andere Art.

Und einer davon wird Sie unterstützen. Er verkörpert die Kräfte, auf die Sie sich verlassen können.

Welche das sind? Das erkennen Sie aus dem Tag Ihrer Geburt zusammengenommen mit dem heutigen Tag. Sie sind an einem 19. geboren? Und heute ist der 30.? Dann rechnen Sie die beiden Zahlen zusammen und ziehen die Quersumme. 19 und 30 ergeben 49.

Die Quersumme von 49 ist 13, und die Quersumme von 13 ist 4.

Das bedeutet: Die vierte Rüstung symbolisiert Ihre Kräfte. Das ist die Lanze des Ritters Don Quijote. Don

Quijote ist der Ritter der Leichtigkeit. Der die Komik als Waffe nutzt.

Aber rechnen Sie aus, wer tatsächlich der Ritter ist, der Ihre Kräfte symbolisiert. Und schlagen Sie nach.

1.
Das Schwert des Ivanhoe

Ivanhoe ist das Musterbeispiel eines rechtschaffenen Ritters. Er ist außergewöhnlich edel und heldenmütig. Und so kommt es äußerst selten vor, dass jemand im Saal der Ritter ausgerechnet zu Ivanhoes Wahrzeichen gelangt. Sie sind die auserwählte Persönlichkeit. Herzlichen Glückwunsch.

Und herzliches Beileid, wenn Sie versuchen wollen, Ivanhoes Taten nachzueifern. Er begab sich als bester Kumpel des Königs Richard Löwenherz auf einen Kreuzzug, tötete allerdings niemanden, denn die Feinde wichen seiner reinen Ausstrahlung. Er kehrte nach England zurück, fegte einen Schuft vom Thron, reinigte das Land von Räuberhorden, machte Jagd auf schurkische Tempelritter, setzte sich für unterdrückte Juden ein, befreite jede Menge liebenswerte Gefangene, gewann zwölf Turniere, eine Art Grand Slam der Ritterspiele, heiratete und stiftete ewigen Frieden zwischen Normannen und Angelsachsen. Das alles ist erledigt. Das müssen Sie nicht mehr tun. Das Wesentliche an Ivanhoe war eine einzige Eigenschaft, um derentwillen Sie hierher gekommen sind: seine Entscheidungskraft. Das Symbol dafür ist sein Schwert. Ivanhoe entschied sich stets schnell und klar. Und das ist genau die Begabung, die Sie in der jetzigen Phase Ihres Lebens brauchen. Er fällte jede Entscheidung nach drei einfachen Gesichtspunkten. In unsere Sprache übersetzt lauten sie: Ich will ehrlich mir mir selbst sein. Wie lautet meine Entscheidung, wenn ich es bin? Ich will ein starkes Selbstvertrauen haben. Wie lautet meine Entscheidung mit diesem Selbstvertrauen? Und was würde ich mir später wünschen, getan zu haben? Mit diesen drei Fragen ist jede Entscheidung klar. Die Konsequenz ist nicht immer angenehm, jedenfalls nicht auf den ersten Blick. Doch auf lange Sicht ist jede Entscheidung richtig, die auf Ehrlichkeit und Selbstvertrauen beruht. Nur so eine Entscheidung bringt Klarheit ins Leben.

Also, bitte sehr. Mit diesem Ritter an Ihrer Seite können Sie sich in jeden Konflikt wagen. Ach, übrigens, wir haben auch ein paar Schurken auf der Liste, die Sie beseitigen könnten. Wie entscheiden Sie?

2.
Die Rüstung der Jeanne d'Arc

Das liliengeschmückte Banner der Jeanne d'Arc gilt als Heiligtum. Ihre schneeweiße Rüstung wird als Reliquie verehrt. Menschen, die diese Rüstung mit den Fingerspitzen berührt haben, berichten von überströmender Energie. Bitte sehr, Sie stehen vor dieser Rüstung. Und Sie dürfen sie nicht nur berühren. Sie dürfen sie anlegen. Sie steht Ihnen. Und das ist kein Zufall. Die Energie der Jeanne d'Arc ist Ihre Energie.

Erinnern Sie sich? Jeanne, zu deutsch Johanna von Orléans, war ein Bauernmädchen um 1400. Sie konnte nicht lesen, nicht schreiben. Aber sie hatte eine klare Vision. Und hegte keinen Zweifel daran, dass sie tun musste, was ihre innere Stimme befahl. Diese Entschiedenheit verlieh ihr eine flammende Ausstrahlung. Sie schaffte, was nie zuvor eine Frau geschafft hatte. Sie begab sich zum geschlagenen Heer ihrer Heimat, hielt eine aufpeitschende Rede vor den Soldaten, begeisterte sie, setzte sich an ihre Spitze und besiegte die Feinde, befreite das Land. Anschließend krönte sie den neuen französischen König.

Und Sie? Sie werden vielleicht keine Armee besiegen und keinen König krönen. Aber dass Sie zur Rüstung der Johanna gelangt sind, bedeutet: Sie haben die Power dazu. Schon jetzt folgen Sie immer mehr Ihrer inneren Stimme. Und Sie merken bereits: Je mehr Sie das tun, desto klarer wird diese Stimme. Desto mehr Überflüssiges können Sie beiseite lassen. Desto machtvoller wird Ihre Ausstrahlung. So können Sie alles erreichen, was Ihnen vorschwebt.

Ach so, das sollten wir vielleicht nicht verschweigen: Als Jeanne alles erreicht hatte, ließ sie sich von ihren Feinden gefangen nehmen. Ihr werdet mich heilig sprechen, sagte sie. Damit behielt sie recht. Aber erst einmal wurde sie als Ketzerin verbrannt. Das wird Ihnen nicht passieren. Aber dass Ihre machtvolle Energie anderen Leuten unheimlich ist – und um nichts anderes ging es im Prozess gegen Jeanne –, das kann vorkommen. Macht ja nichts. Ihre Gewissheit ist so eindeutig, so klar, dass das Gewisper von Ameisen Sie nicht mehr stört.

3.
Der Schild des Prinzen Eisenherz

Prinz Eisenherz ist der meistbeschäftigste aller Ritter. Eine Art Workaholic des Mittelalters. Es hat ihn tatsächlich gegeben, den Sohn des Königs von Thule, der in Britannien zum Ritter geschlagen wurde und dann wie ein Star-Diplomat durch die Welt kurvte. Im British Museum wird das goldbeschlagene Zaumzeug des Valiant Ironheart gezeigt, dazu ein wissenschaftlich beglaubigtes Stück seines Schildes.

Sein ganzer von zahllosen Hieben gezeichneter Schild aber steht hier, im Schloss der Schicksale. Sie sehen ihn vor sich. Mit gutem Grund sind Sie hierher gelangt: Sie sind ein enger Gefährte des Prinzen Eisenherz. Ein würdiges Spiegelbild.

Hatte das nordische Kind ein hartes, gar ein eisernes Herz? Nein. Ironheart nannte man diesen Prinzen, weil sein Herz so oft durchbohrt worden war und trotzdem immer weiter lebte, niemals geschwächt, vielmehr lebendiger nach jedem Stich. Dieser Ritter verkörpert die Fähigkeit, die Sie gerade entdecken. Die Fähigkeit, aus jedem Sturz, aus jedem Irrtum zu lernen. Aus jeder Niederlage gestärkt hervorzugehen. Die meisten Menschen lernen nicht aus Irrtümern, sondern wiederholen dieselben Fehler ein Leben lang.

Sie hingegen, mit dem Wappen des Eisenherz im Schilde, scheuen sich nicht, Fehler anzusehen, sich dazu zu bekennen und die Verantwortung zu übernehmen. Das ist die einzige Art, aus Fehlern Kraft zu gewinnen. Die einzige Art, überhaupt zu gewinnen. Der ritterliche Eisenherz hat es vorgemacht. Sein Leben ist keine Perlenschnur von Siegen. Sondern eine Perlenschnur von Erfahrungen. Von Wechselfällen, durch die ihn eine einzige Gewissheit trug: auf der Suche nach der Wahrheit zu sein. Wer die Wahrheit sucht, steht im Schild des historischen Valiant Ironheart, der wird jeden Schmerz als Wegweiser zur Wahrheit schätzen lernen. Mag auch beim Comic-Helden Eisenherz nur die bunte Oberfläche dieser tiefen Erkenntnis geblieben sein: Sie, ja, genau Sie, sind es, dem diese beinahe erleuchtete Weisheit jetzt zuteil wird. Und damit können Sie tatsächlich nur gewinnen. Willkommen im Club, im Artus-Club, in der Tafelrunde der Weisheit.

4. Die Lanze des Don Quijote

Don Quijote ist der Komiker unter den Rittern. Der Narr, der Künstler, der Bohemien. Er ist der einzige unter den Kämpfern, der die Auseinandersetzungen spielerisch angeht. Dem es im tiefsten Herzen gleichgültig ist, ob er siegt oder verliert. Und der gerade deshalb am Ende gewinnt. Räuber, die ihn töten wollen, beugen sich vor seiner Ausstrahlung, erbitten seinen Segen und schenken ihm ihre geraubten Schätze. Verächter seines Rittertums erkennen mit der Zeit respektvoll seine Größe. Und die umworbene Dulcinea, die ihn anfangs verspottet, wandelt sich durch die unvergleichliche Kraft seiner Liebe.

Was hat der Mann mit Ihnen zu tun? Nun, Sie sind Don Quijote. Sie sind ein Mensch, der seine Größe hinter der Maske des Spaßmachers verbirgt. Der seine Stärke für andere durch Scherz und Spielerei erträglich macht. Wie Don Quijote bleiben Sie auch in schärfsten Auseinandersetzungen gerecht und gütig. Wie er haben Sie ein weiches Herz. Wie er gewinnen Sie durch Demut.

Aber da war doch was mit Windmühlen? Rennt dieser komische Ritter nicht auf einem alten Klepper gegen Windmühlenflügel an? Und ist dieser Kampf nicht das klassische Symbol für Irrtum und Vergeblichkeit? Ja, aber im Gegensatz zu anderen Kämpfern erkennt Don Quijote seinen Irrtum sofort. Es ist wahr, ganz in Gedanken versunken, Liebesverse dichtend, hält er die rotierenden Flügel für die fuchtelnden Arme von Riesen. Er stürmt mit der Lanze auf sie los und wird prompt aus dem Sattel geworfen.

Gegen Riesen anzustürmen – dazu gehört zunächst einmal Mut. Zu erkennen, dass alle Riesen, gegen die wir anrennen, letzten Endes nur Windmühlenflügel sind – dazu gehört Weisheit. Don Quijote erlangte diese Weisheit. Und auch Sie erlangen diese Weisheit. Wie er stehen Sie im Grunde über den Auseinandersetzungen. Sie fechten sie aus. Aber sie durchschauen zugleich ihren theatralischen Charakter. Sie erkennen das Spiel im Leben. Die Leichtigkeit hinter der Schwere. Den Spaß im Ernst. Mit einem Wort: das Glück.

5.
Der Speer des Parzival

Parzival ist die Lichtgestalt unter den Rittern. Er erlangte Erleuchtung. Gewann den Gral. Genau wie Sie. Oder sind Sie etwa keine Lichtgestalt? Sind Sie nicht erleuchtet? Eines ist sicher: Sie sind auf dem besten Wege dahin. Immerhin haben Sie bereits in diesen Saal gefunden, und nicht zufällig sind Sie zu Parzival gelangt. Wer Sie genauer betrachtet, erkennt sogar schon den Glanz des Strahlenkranzes um Ihr edles Haupt. Schön für Sie. Schön für uns.

Allerdings müssen Sie auf Ihrer Reise zur Erleuchtung noch ein winziges kleines Wegstück zurücklegen. Das ist Parzival auch so gegangen. Bevor er jene magische Kraft erlangte, mit der er jede Wunde heilen und jeden Zauber bannen konnte, bevor er also vollkommen frei war, musste er noch die eine oder andere Auseinandersetzung durchstehen. Mit Rittern. Mit Hexenmeistern. Mit betörenden Verführungen. Keineswegs blieb er immer der Gewinner. Er machte viel Unsinn, vertat reichlich Zeit, ging Umwege, verfiel lächerlichen Irrtümern, machte jede Menge Fehler. Aber er lernte aus allem. Und gewann auf diese Weise jedes Mal.

Vor allem lernte er, was Sie auch schon bemerkt haben, was andere Leute jedoch ihr Leben lang nicht erfassen: dass alle äußeren Gegner und alle äußeren Schwierigkeiten nur Spiegelungen des eigenen Inneren sind. Dass alles, was sich außen entgegenstellt, den Weg zur Selbsterkenntnis ebnet, zum Erfassen der Wahrheit. Das erkannte Parzival wie ein früher Meister der Tiefenpsychologie.

Mit diesem Ritter an Ihrer Seite können Sie also nur gewinnen. Sein Wunderspeer ist Ihre Waffe. Ein Zauberer hat diesen Speer einst auf Parzival geschleudert. Parzival packte die Waffe. Und sie wurde zu jenem wundersamen Speer, mit dem er fortan jede Wunde heilen konnte. So wird es auch Ihnen gehen: Jeder bedrohliche Speer, den Sie anpacken, wird zu Ihrem heilsamen Werkzeug. Alles, was anfangs bedrohlich erscheint, wird, einmal angepackt, zum Mittel der Befreiung. Willkommen beim Gral.

6.
Der Helm des Lohengrin

Lohengrin war der Ritter, der unerkannt bleiben wollte. Der seine Stärke aus einem Geheimnis bezog. Und der seine magischen Kräfte allen Wahrheitssuchern zur Verfügung stellte, solange sie sein Geheimnis respektierten. Würde er davon erzählen, müsse er gehen, erklärte er. Und so war es. Als man fragte und forschte und keine Ruhe gab, verriet er schließlich die Herkunft seiner Kraft: Er war Gralsritter. Und verabschiedete sich zugleich. Fortan mussten die Leute ohne seinen Beistand auskommen.

Was bedeutet das für Sie? Sie sind im Saal der Ritter zu jenem Helm gelangt, der die Insignien der Gralsritterschaft trägt. Es ist jetzt Ihr Helm. Sie sind auf der Suche. Wonach? Nach dem Gral? Der Gral, erzählt Lohengrin, sei die Essenz der Wahrheit und bestehe aus nichts als aus reinem Licht. Können Sie damit etwas anfangen? In den Auseinandersetzungen, die jetzt anstehen?

So sonderbar es klingt: Ja. Lohengrin gab den Suchenden wie Ihnen noch einen Hinweis mit auf den Weg: Sie sollen sich nach der Wahrnehmung von Licht richten. Wenn bei einer Entscheidung zwischen zwei Möglichkeiten die eine heller wirkt als die andere, dann ist das die bessere. Wo sich die Empfindung von Weite und Helligkeit einstellt, da ist der Weg richtig.

Mit anderen Worten: Sie können sich auf Ihre Eingebungen verlassen. Und damit sind Sie unabhängig vom Verhalten anderer. Sie können Entscheidungen treffen, ohne sie ausgiebig begründen zu müssen. Es ist gut so. Wenn Sie lange nach Gründen forschen, verzetteln Sie sich. Dann schwindet Ihre Power. Dann verabschiedet sich Old Lohengrin.

Aber Sie werden sich nicht verzetteln. Früher haben Sie nach äußeren Gründen gesucht. Haben herumgefragt. Sich gerechtfertigt. Haben sich mit anderen und wieder anderen beraten. Und sind dabei nur verwirrter geworden. Ihre Kraft schwand. Jetzt kehrt sie zurück. Tief in Ihrem Inneren, genau da, wo Sie unbesiegbar sind, wo Sie keine Angst haben, ist Ihr Entschluss bereits gefasst. Es ist Zeit, ihn umzusetzen.

7. Die Satteldecke des Lancelot

Am Ende begab sich Lancelot in ein Kloster. Das sollten Sie schon mal wissen.

Doch was hatte er vorher getan? Ist doch klar: alles, was Spaß macht. Genau wie Sie. Denn dass Sie hierher geführt worden sind, in den Saal der Ritter und nun vor die Satteldecke des ruhmreichen Lancelot, das bedeutet vor allem eines: dass eine turbulente Zeit für Sie beginnt. Lancelot war beides: Krieger und Romantiker. Er sprühte vor Abenteuerlust und zugleich vor Liebeslust. Seine Satteldecke war Schauplatz des Kampfes – und der Hingabe. Er hatte im Übermaß, was wir heute erotische Ausstrahlung nennen. Oder gelehrter: libidinöse Energie.

Und wenn Sie diese Energie bisher nicht gespürt haben, werden Sie spätestens ab heute Abend davon gekitzelt. Gut möglich, dass die Leute in Ihrer Umgebung schon morgen Blitzableiter kaufen gehen. Weil so viel spannungsreiche Kraft von Ihnen ausgeht.

Lancelot vibrierte vor solcher Spannung. Er stürzte sich in Abenteuer und wurde mit jedem Abenteuer stärker. Er blieb keineswegs jedesmal im Sattel. Er knallte immer mal wieder in den Staub. Aber er wollte die volle Spanne des Lebens durchmessen. Und dazu gehört die Niederlage. Nur ein Ritter, der kriecht, sagte er, kann nicht hinfallen.

Und dann kam der spannungsreichste Kampf seines Lebens. Der Kampf in seiner Seele: zwischen der Treue zu seinem König und der Liebe zu des Königs Frau. Kennen Sie so einen Treue-Konflikt? Sie kennen ihn.

Und Sie werden ihn am Ende nur lösen können wie der Ritter Lancelot selbst. Der entschied sich schließlich, weder dem König treu zu sein noch der Königin. Sondern nur einer einzigen Person: sich selbst. Und siehe da, als er vollkommen aufrichtig und wahrhaftig wurde und sich nicht mehr wand und nicht mehr taktierte, da endlich konnten beide ihn und er beide lieben. Es war auf einmal ganz leicht.

Und was wollte er dann noch im Kloster? Ganz einfach: seinen Bruder besuchen, der dort Mönch war. Um ihm zu sagen, wie lustig es draußen zugeht.

8.
Das Lindenblatt des Siegfried

Siegfried besiegte Ungeheuer, eroberte Schätze, bezwang allerlei Bösewichte. Er lernte, die Sprache der Tiere zu verstehen und seine Gestalt mit einer Tarnkappe zu verwandeln. Und dann badete er noch im Blut eines besiegten Drachen, so dass er unverwundbar wurde.

Haben Sie auch Lust auf so ein Bad? Nein? Macht nichts. Es gibt keine Drachen. Jedenfalls nicht in den Landschaften dieser Erde. Aber in den Landschaften der Seele, da gibt es sie. In den Gedanken, da gibt es das Ungeheuerliche, das so schrecklich scheint, dass wir es nicht ansehen mögen. Sie jedoch, Sie sind bereit, dem Furchterregenden zu begegnen. Siegfrieds Abenteuer bestanden nicht darin, dass er durchs Unterholz stürmte und die Tiere aus dem Winterschlaf grölte. Das Entscheidende war, dass er dem Bedrohlichen ins Auge blickte. Und sich damit auseinandersetzte. Wie Sie.

Den Drachen besiegen und den Schatz heben, auf dem er gelegen hat: Das heißt nichts anderes, als dass der Schatz Ihrer Seele sich offenbart, sobald Sie sich mit dem Drachen beschäftigt haben. Das tun Sie bereits. Sie geben nicht vor, aus rosaroter Heiligkeit zu bestehen. Sie kennen Ihre Schattenseiten. Und Sie sind willens, diese Schattenseiten ins Licht Ihres Bewusstseins zu holen. Womit sie der Düsternis alle Macht nehmen. Wenn Sie das getan haben, werden Sie unverwundbar sein. Nicht hundertprozentig. Daran erinnert das Lindenblatt. Es fiel auf Siegfrieds Rücken, als er badete. Dadurch blieb er an einer blattgroßen Stelle verletzlich. Das gilt auch für Sie: Solange Sie in einem Körper leben und eine Persönlichkeit haben, so lange sind Sie verletzlich. Und wie bei Siegfried wird es immer jemanden geben, der exakt Ihre verletzliche Stelle trifft.

Warum auch nicht? Als seine verwundbare Stelle getroffen wurde, erwachte er zur vollkommenen Erkenntnis. Auch Sie wissen, dass jede Verletzung Ihrer Selbsterkenntnis dient. Dass Ihr Vertrauen ständig wächst. Bereits jetzt ist es so ruhig und so gelassen, dass wir Sie gern mal im Kampf mit einem Drachen sehen würden. Wir haben da einen in der Nachbarschaft.

9.
Die Maske des Robin Hood

Ja, das ist ein Ritter nach Ihrem Geschmack! Und am liebsten würden Sie gleich die schwarze Maske aufsetzen und im Wald der nächsten Postkutsche auflauern, stimmt's? Wie? Das müssen Sie sich erstmal überlegen? Na, na. Es gibt keine Zufälle. Und dass Sie in den Saal der Ritter gelangt sind und ausgerechnet zum einzigen Raubritter geführt wurden, das hat zweifellos tiefere Bedeutung.

Zunächst einmal heißt das, dass Sie ein Gesetzloser sind. Ein Outlaw. Wie Robin Hood. Und nebenbei – das überrascht allerdings niemanden, der Sie kennt – sind Sie von edler Gesinnung. Der historische Robin Hood, der um 1200 lebte, war ein Earl of Huntington, ein Herzog also, der das wilde Leben in den Wäldern einem beschaulichen Dasein am Kamin vorzog. Er war ein Rebell. Und genau das sind Sie auch. Sie sehnen sich nach Intensität. Nach tiefgreifenden Erfahrungen. Und dafür sind Sie bereit, Konventionen abzustreifen und all das beiseite zu fegen, was andere für gut und richtig halten. Nichts anderes bedeutet es, ein Outlaw zu sein. Außerhalb des Gesetzes zu leben. Das heißt nicht, dass Sie im Drogeriemarkt Lippenstifte klauen und die Kneipe verlassen, bevor die Rechnung kommt. Immerhin sind Sie, wie Robin Hood, von edelster Gesinnung. Es heißt vielmehr, dass

Sie unabhängig sind. Unabhängig vom Urteil anderer. Unabhängig vom Gesetz jener, die sich gegenseitig ängstlich in Schach halten wollen. Und sich immer fragen, ob das erlaubt ist, was da so um sie herum geschieht. Ob sie selbst das dürfen. Oder ob der andere, der böse Nachbar, das darf. Dergleichen Gedanken berühren Sie nicht. Das ist das Gesetz jener, die nie intensiv leben. Die sich davor fürchten. Sie fürchten sich nicht. Genauso wenig wie Robin Hood. Und im tiefsten Herzen kennen Sie, wie er, nur ein einziges Gesetz: das Gesetz der Wahrhaftigkeit. Ihrer persönlichen Wahrhaftigkeit. Und wenn die Ihnen nahe legt, maskiert ein paar Postkutschen zu überfallen und den geraubten Schmuck an Witwen, Waisen und Enterbte zu verteilen, dann tun Sie das. Übrigens: Wir gehören zu den Enterbten. Und tragen sehr gern Schmuck!

Raum 4

Der Saal der Künstler

Sie sind in den Saal der Künstler gelangt. In den Saal der Maler und Dichter, der Bildhauer und Komponisten, der manischen Zeichner und hellen Späßeerfinder, der lustigen Musikanten und spielfreudigen Fälscher. Dies ist der Saal all derer, die sich eine eigene Wirklichkeit erfinden. Und die ihre Schöpfung in Worten, Musik oder Bildern ausmalen.

Sie sind hierher gekommen, weil über Ihre innere Leinwand immer mehr kunterbunte Geistesblitze zucken. Weil Sie unter kreativem Dampf stehen. Allerlei ungewöhnliche Einfälle spuken in Ihnen herum. Sie haben verrückte Ideen. Es funkt und leuchtet in Ihrem inneren Kosmos. Eine Zeit hat begonnen, in der Ihre Schöpferkraft lebendiger wird als je zuvor. In der Sie all das, was von außen auf Sie einstürmt, künstlerisch verarbeiten.

Ein reicher Gönner wäre gut beraten, wenn er jetzt ein Bild bei Ihnen bestellen würde oder eine Komposition oder wenigstens ein Gedicht. Denn die Begabungen, die seit geraumer Zeit in Ihnen schlummern, sind jetzt hellwach und wollen sich zeigen. Was Sie jetzt tun, wird in ein paar Jahren schon ziemlich wertvoll sein. Heute könnten die Verlage und die Museen noch günstig bei Ihnen einkaufen.

Also schaffen Sie sich Raum. Reservieren Sie sich Zeit. Seien Sie egozentrisch wie all die anderen schöpferischen Geister vor Ihnen. Bannen Sie Ihre lebendige Innenwelt in eine künstlerische Form. Sie sind kreativ. Und in der jetzt beginnenden Phase Ihres Lebens wird Ihnen gar nichts anderes übrig bleiben als Ihre kreative Unruhe nach außen zu tragen.

Wenn Sie partout kein museumsreifes Werk schaffen wollen, dann werden Sie im Leben kreativ sein. Der Stoff bietet sich Ihnen an. Und Sie haben die Energie, etwas Eigenes daraus zu formen. Etwas, das Ihnen gefällt. Und das andere bewundern.

Möchten Sie ein bisschen Unterstützung? Von einem Meister der Vergangenheit? Er oder sie wartet schon. Wer es ist? Das finden Sie jetzt heraus.

Sie sehen in diesem Saal neun Werkzeuge berühmter Künstler und schöpferischer Genies. Sie sehen Staffeleien und Musikinstrumente, Manuskripte und Arbeitsgeräte, harten Stein und fließende Stoffe, sonderbares Werkzeug und die eigentümlichen Inspirationsmittel alter Meister. Wenn Sie näher herangehen, erkennen Sie, dass einige Arbeiten noch ganz frisch scheinen. Tatsächlich hält das Wirken der alten Meister noch an; ihre Anwesenheit ist in diesem Raum körperlich spürbar.

Einer dieser Künstler wird Sie unterstützen. Er oder sie verkörpert die Kräfte, auf die Sie sich verlassen können. Welche Kräfte das sind? Das erkennen Sie aus dem Tag Ihrer Geburt zusammengenommen mit dem heutigen Tag. Sie sind an einem 18. geboren? Und heute ist der 29.? Dann addieren Sie die beiden Zahlen und ziehen Sie die Quersumme. 18 plus 29 sind 47. Die Quersumme von 47 ist 11, die Quersumme von 11 ist 2.

Das bedeutet: Der zweite Gegenstand symbolisiert Ihre Kräfte. Es ist der Krug der Viehmännin. Aus diesem Krug trank die berühmteste Märchenerzählerin, wenn sie ihre Geschichten vortrug.

Aber rechnen Sie nach, welcher der neun erlauchten Künstler Ihnen zugeteilt ist. Und schlagen Sie die Seite auf.

menschlichen Körper besser kennen zu lernen.

1.
Der Kreidestift des Leonardo

Natürlich. Klar. Darunter machen Sie es ja nicht. Ein Universalgenie muss es sein. Okay. Hier haben Sie es. Leonardo da Vinci. Sie sind bei diesem Sonderling gelandet, der Heilige malte und Kriegsmaschinen entwarf. Der nach Versteinerungen grub und die Strömungsgesetze des Wassers erforschte. Der den Vogelflug studierte und Flugzeuge erfand – und das um 1500. Der Maschinen und optische Instrumente konstruierte. Der Entwürfe zu Domen schuf und Festungsbauten zur Perfektion trieb.

Ja, dieser Leonardo hat nicht nur Frau Mona Lisa porträtiert und ein Abendmahl auf feuchten Putz gepinselt. Damit würden Sie sich auch nicht zufrieden gegeben. Nein, er hat genauso gern Leichen seziert, um den menschlichen Körper besser kennen zu lernen.

Das wiederum wäre Ihnen ein bisschen zuviel des Guten? Na, schön. Die Anatomie ist inzwischen erforscht. Entscheidend ist – und deshalb sind Sie im Saal der Künstler geradewegs zu Leonardo gelangt – dass Ihre Neugier grenzenlos ist. Dass Ihre Phantasie keinen Beschränkungen unterworfen ist. Unersättliche Neugier und unerschöpfliche Phantasie: Das sind die beiden Voraussetzungen für geniale Kreativität. Wer würde daran zweifeln, dass Sie darüber verfügen? Und wenn Sie selbst bisher gezweifelt haben, dann werden diese Zweifel sich jetzt auflösen wie Rauch in einem Frühlingssturm.

Denn ein Frühlingssturm saust durch die Räume Ihrer Gewohnheiten und dreht Ihre Antennen. Dreht sie auf Empfang für geniale Einfälle. Spätestens übermorgen werden Sie loslegen. Und machen alles und noch mehr. Sie lassen sich von anderen nicht mehr sagen: Das kannst du, und das lässt du besser bleiben. Nein. Sie probieren es selber aus. Genau wie der große Experimentator Leonardo. Sie forschen in alle Richtungen. Holen sich Anregungen von überall her. Weil der Sturm der Kreativität von überall die Blätter zu Ihnen weht.

Guten Tag, Herr oder Frau da Vinci. Bitte porträtieren Sie uns doch gleich mal. Wenn es Ihnen nichts ausmacht, ganz gern im Stil der Mona Lisa. Oder, wenn Ihnen das lieber ist, als Abendmahlsgesellschaft auf die Wohnzimmerwand. Alles klar?

2.
Der Krug der Viehmännin

Die sogenannte Viehmännin war Bäuerin. Genau wie Sie. Und erzählte jede Menge Märchen. Ebenfalls wie Sie. Frau Dorothea Viehmann vermochte ihr Publikum so einzuspinnen in die Fäden ihrer wundersamen Geschichten, dass alle wie gebannt dasaßen. Am Ende hatten die Zuhörer das Gefühl, die Geschichte sei ihnen gerade eben tatsächlich passiert.

Wir empfanden uns selbst wie die Personen der Märchen, berichteten zwei berühmte Zuhörer, die in die Bauernstube pilgerten wie in den Ashram eines Guru. Diese beiden waren die Brüder Grimm. Sie notierten alles, was die zauberische Märchenfrau erzählte. Und als die alte Dame gestorben war, veröffentlichten die Brüder Grimm alle Märchen unter eigenem Namen, dankten der Viehmännin kurz im Vorwort und verdienten jede Menge Geld.

Kann es sein, dass auch Sie Ihre Kreativität freimütig hergeben, und andere nutzen das aus? Ist es möglich, dass Sie Ihre guten Ideen sprudeln lassen, und andere kaufen sich davon eine Villa mit Blick aufs Meer? So ähnlich muss es sein. Sie sind nicht zufällig zur einkommensschwachen Märchenerzählerin gelangt.

Sie sind begabt, ja. Sind kreativ, zweifellos. Sie haben Einfälle. Und Sie können mit diesen Einfällen, wie Dorothea Viehmann vor zweihundert Jahren, andere Menschen faszinieren. Aber Sie neigen dazu, Ihre Ideen zu verplaudern und zu verschwatzen. Erstens, weil Sie so begeistert von ihren Geistesblitzen sind. Zweitens, weil Sie sich nicht aufraffen können, daraus etwas zu machen.

Aber: Das war bisher so. Sie sind in den Raum der Kreativen und zu Frau Viehmann gelangt, weil für Sie jetzt eine neue Phase beginnt. Eine Phase, in der Sie Ihre Ideen verwerten. In der Sie Ihre Pläne auch mal geheim halten können, bis Sie selbst etwas daraus gemacht haben. Eine Zeit ist gekommen, in der Sie Ihre Phantasie in die Wirklichkeit bringen.

3. Der Stein des Walther von der Vogelweide

Ah, Sie sind Minnesänger! Ihr Herz singt von der Liebe! Dürfen wir mal lauschen? Na, kommen Sie. Es ist doch kein Zufall, dass Sie hierher gelangt sind! An diesen Stein, auf dem der ruhmreichste Dichter des Mittelalters saß, wenn er dichtete. Der Sprüchemacher, Liederdichter, Liebeslyriker Walther von der Vogelweide. Genau dieses war sein Reimstein. Sein Ort für gute Einfälle. Dieser schlichte Felsblock. Mehr brauchte er nicht. Oder nicht mal das. Um zu dichten und zu leben, sagte er um das Jahr 1200, brauche ich nichts als mein Herz. Das könnten Sie auch sagen. Und doch finden Sie es ganz gut, genau wie Walther, wenn Sie auch ein bisschen Zaster für Ihren Einfallsreichtum kriegen oder gar, wie er, ein ganzes Landgut. Als Lohn für schöne Reime.

Es ist eine ganze Menge drin. In Ihnen steckt viel mehr als andere bisher ahnten. Vielleicht haben Sie sich rücksichtsvoll zurückgehalten. Und aus Freundlichkeit angepasst. Aber damit ist Schluss. Walther führte ein unstetes Leben. Das können Sie auch. Er hatte ein unruhiges Herz. Genau wie Sie. Er war immer auf Wanderschaft, wenn nicht auf der Straße, dann im Geiste. Niemand konnte ihn ganz und gar binden. Obwohl auf die Gunst von Fürsten angewiesen, blieb er unabhängig und frei. Genau wie Sie.

Er dichtete nicht wie alle anderen dichten. Sonst wäre er mit allen anderen untergegangen. Er fand seinen unverwechselbaren Ton. Das ist Ihnen auch gegeben. Sie sind kreativ. Jetzt ist die Zeit gekommen, Ihre höchstpersönliche Form der Kreativität ins Leben zu bringen. Und das machen Sie. Anders als alle anderen.

Werden Sie singen wie ein Minnesänger? Kein Problem. In Ihrem Herzen ist genug Liebe für viele Bücher voller Lieder. Doch egal, ob sie dichten, malen, musizieren oder ob Sie einfach kreativ in der Kunst des Lebens sind: Es geht darum, dass Sie genau das ausdrücken, was Sie selbst empfinden. Was Sie selbst sind. Dass Sie wahrhaftig auftreten. Und das tun Sie. Kommen Sie. Lassen Sie uns mal ein paar Töne hören!

4. Der Löffel des Martino

Dieser geschnitzte Löffel ist fünfhundert Jahre alt. Er ist zum Kosten gemacht. Es ist der Probierlöffel des ersten Meisterkochs des Abendlandes. Der Löffel des Martino di Platina.

Man weiß nicht viel über diesen Künstler. Nur, dass er in Florenz lebte und anders kochte als die anderen. Und dass es Fürsten, Bischöfen, Kaufleuten so gut schmeckte, dass sie ihm ihre Köche zum Lehrgang schickten und ihn anflehten, seine Rezepte aufzuschreiben. Das tat er. Und weil gerade die Druckerpresse erfunden worden war, wurden seine Rezepte sofort weit verbreitet. Mit dem Buch *De honesta voluptate*, zu Deutsch „Vom wahren Genuss", kamen seine köstlichen Erfindungen an die feinsten Höfe Italiens und Frankreichs. Sie sorgten für paradiesische Gefühle in Schlössern, für Lustschreie in Residenzen und für eine Revolution der Kochkunst. Martino ist der Erfinder der feinen Küche, der Haute Cuisine.

Und Sie? Können gerade mal Rührei herstellen? Spiegelei ist schon zu schwierig? Macht nichts. Martino ist Ihr Patron, weil endlich, in dieser Phase Ihres Lebens, Ihre revolutionäre Kreativität ans Licht kommt. Die Zutaten Ihres Einfallsreichtums stehen längst bereit. Jetzt backen Sie etwas daraus. Und etwas ganz anderes als alle erwarten. Denn wie Martino sind Sie ein Genie der Überraschung.

Seine Revolution bestand darin, dass er alle Pürees und Breie abschaffte, von denen sich seit dem Untergang Roms ganz Europa ernährte. Er kochte das Gemüse nicht zu Mus. Sondern garte es im Stück, schnitt es dann und servierte es mit geriebenem Käse oder in einer Teighülle. Bis dahin hatte man alles in einen Topf geschüttet und zu einer unkenntlichen Pampe verrührt. Jetzt nicht mehr. Martino bereitete die Zutaten getrennt zu. Kochte sie al dente. Beließ jeder ihren eigenen Geschmack. Und servierte sie getrennt. Gelobt sei er.

Und gepriesen seien Sie. Denn demnächst werden Sie uns etwas servieren, womit keiner gerechnet hat. In Ihrem Kopf spukt es schon herum. Heute Nacht träumen Sie davon. Morgen machen Sie sich dran. Nach dem Frühstück. Gleich nach dem Rührei.

5. Der Leisten des Hans Sachs

Bleib bei deinem Leisten, sagte man dem Nürnberger Bürger Hans Sachs. Er war Schuster. Und ein Schuster spannt das Leder auf einen sogenannten Leisten. Auf ein hölzernes Modell des Fußes. Schuster, bleib bei deinem Leisten, sagten die Leute. Aber Hans Sachs hörte nicht darauf. Er wollte nicht nur Schuhe machen. Er wollte noch was anderes. Wollte dichten. Wollte singen. Und er lernte. Und er wurde ein Meistersinger. Ein Singer-Songwriter mit mehr als viertausend Hits. Ein Popstar vor fünfhundert Jahren.

Wollen Sie das auch werden? Popstar? Oder weshalb sind Sie hierher geführt worden? Zunächst aus einem einzigen Grund: Weil Sie selbst wissen, dass mehr drin ist. In Ihnen. Weil Sie viel mehr Begabungen haben, als sie bisher gezeigt haben. Und Sie spüren, dass Ihr Auftritt jetzt dran ist. Sie müssen nicht gleich alles andere hinschmeißen. Das tat Ihr Pate ja auch nicht. Der schusterte weiter. Selbst nachdem er höchsten Ruhm erreicht hatte und die Schüler in seine Stube drängten. Es ist gut, ein solides Handwerk zu haben, sagte er, dann kann man sich noch ein unsolides leisten.

Kreativität hat immer etwas Unsolides. Besonders am Anfang, wenn Sie Ihren Einfällen nicht ganz trauen mögen, wenn Sie in der Umsetzung noch wacklig sind, und wenn dann die Leute sagen: Schuster, bleib bei deinem Leisten – dann können Sie schon ins Zweifeln kommen. Hans Sachs zweifelte auch. Aber er erkannte, was Sie insgeheim auch schon gemerkt haben: Die Leute, die einem von neuen Wegen abraten, sind einfach selbst ängstlich.

Wenn ich nicht eines Tages meinen Leisten wütend in die Ecke geschleudert hätte, erzählte Hans Sachs, dann hätte ich die Welt nicht kennen gelernt; dann hätte ich mich selbst nicht kennen gelernt.

Ach, übrigens: Er nahm Unterricht im Dichten und Singen. So etwas kann – in welchem Fach auch immer – Ihnen ebenfalls nicht schaden. Sie sind mit der Anlage zur Meisterschaft geboren worden. Das ist klar. Aber zur Herausbildung dieser genialen Anlagen können Sie das eine oder andere noch tun.

6. Die Kappe des Till Eulenspiegel

Ah, Sie sind ein Schalk, ein Narr, ein witziger Bürgerschreck! Ein einfallsreicher Erfinder kleiner Bosheiten, ein Artist der Schadenfreude! Das ist schön, das brauchen wir. Jemand wie Sie lebt das aus, was wir dumpfen anderen allenfalls zu wünschen und zu denken wagen.

Dass Sie im Raum der Künstler hierher gelangt sind, zu dem gebrechlichen Kleiderständer, an dem die Kappe des Till Eulenspiegel hängt, das bedeutet: Es juckt Sie. Es juckt Sie schon lange. Und nun legen Sie los. Sie fangen an, ganz locker über die Grenzen der bürgerlichen Wohlanständigkeit zu hüpfen. Ihre Vitalität und Ihre Phantasie sind einfach zu quirlig, zu munter, zu lebendig für diese Grenzen. Kleinkariertheit, Beschränkung, Political Correctness – das ist nichts für Sie. Oder allenfalls als Thema, um sich darüber lustig zu machen. Also, setzen Sie die Narrenkappe auf, mit den klingelnden Schellen daran, und bringen Sie uns zum Kichern.

Sie wissen ja, Ihr Pate oder Ihr Spiegelbild aus einem früheren Leben, also der originale Dil Ulenspiegel, war ein unsteter Geselle. So um 1300 war er ein Wanderer durch die Länder und durch alle Schichten der Gesellschaft. Er hopste beim Kaiser als Hofnarr durch den Thronsaal. Und turnte in der Schenke über die Tische der

Bauern. Er sagte allen die Wahrheit. Denn er sah die Seele hinter den Masken.

Diese Fähigkeit haben auch Sie. In Ihnen ist etwas, das sich vor nichts und niemandem fürchtet. Das vollkommen frei ist. Sie haben das immer schon gespürt, jedenfalls, wenn Sie gut drauf waren. Und spüren es nun immer stärker. Diese innere Freiheit erlaubt Ihnen alles. Sie ist die Quelle Ihrer Kreativität. Der Ursprung Ihres Witzes. Ihres Reichtums. Und jetzt kommt der Haken. Dass Sie witzig sind und verrückte Ideen haben, das gefällt nicht jedem. Dass Sie sich frei benehmen, das kommt nicht überall gut an. Macht aber nichts. Leute, die unabhängig sind und sich nicht festnageln lassen, stoßen nun mal auf mehr Schwierigkeiten als andere. Erleben dafür aber das Dreifache. Und sind noch nach Jahrhunderten ein Beispiel für Weisheit und Witz.

7. Das Strumpfband der Artemisia Gentileschi

Artemisia war die berühmteste Künstlerin der Renaissance. Die erste bedeutende Malerin des Kontinents. Die erste Frau der europäischen Kunstgeschichte. Eine Frau, die vielleicht nie Künstlerin geworden wäre, wenn ihr nicht ein Unglück widerfahren wäre. Was genau das war – sie hat es nie preisgegeben. Wir können es nur ahnen. Es hat mit einem Mann zu tun. Es hat mit der Liebe zu tun. Und mit Macht.

Tatsache ist, dass Artemisia Gentileschi mit zwanzig Jahren zur Malerin wurde, um den Schatten dieses Unglücks zu verarbeiten. Und dass sie aus dem Schatten pure Kunst ans Licht brachte. Immer wieder malte sie, wie die biblische Judith den Holofernes köpft. Jedes Mal war es ein gemalter Racheakt an ihrem Geliebten. Und je öfter sie diese und ähnliche Szenen malte, desto heiterer, desto fröhlicher wurde sie, berichtete ein Zeitgenosse. Zu diesem Zeitpunkt war sie bereits reich und berühmt.

Was bedeutet es, dass Sie jetzt, in dieser Phase Ihres Lebens, zu Artemisia gelangt sind? Es bedeutet, dass jedes Unglück ein Glück sein kann. Jede Niederlage ein Sieg. Und zwar in dem Augenblick, in dem Sie beginnen, den Schmerz kreativ zu verarbeiten. Und das tun Sie jetzt. Krisen, Leiden, Trauer, Wut werden im Nachhinein zu wundersamen Triebfedern der Entfaltung, zur Quelle der Gelassenheit, des Glücks. Artemisia hat das erkannt. Als erste Frau. Als eine der ersten Gestalten der europäischen Geschichte überhaupt.

In ihrem Atelier hing stets ihr Strumpfband. Jenes Strumpfband, das ihr erster Geliebter ihr vom Körper riss. Warum sie es aufhängte? Weil es ein Zeichen ihrer kreativen Kraft war. Ein Symbol ihrer Fähigkeit, die schlimmsten Demütigungen in die größten Siege umzumünzen.

Und genau das können Sie auch. Andere lassen sich hängen. Sie aber vermögen aus Frust, Ärger, Kränkung und Blamage kreatives Potential zu schöpfen. Wo andere sich über Pleiten, Pech und Pannen ärgern, machen Sie etwas daraus. Sie gehören zu den wenigen, die aus Fehlern lernen. Die an Niederlagen wachsen. Die im Laufe des Lebens immer stärker werden. Zu den Künstlern des Lebens.

8.
Der Hammer des Peter Parler

Peter Parler war ein Meister im Großen wie im Kleinen. Genau wie Sie. Er schuf mächtige, hallende Räume. Und kleine, drollige Figuren. Er war Steinmetz, wie man damals sagte, so um 1350. Er schuf Grabplatten oder mächtige Brücken, seltsame Teufelsgestalten oder himmelstürmende Dome.

Er kam aus dem Schwäbischen. Sie nicht? Macht nichts. Er war, wie Sie, stilprägend. Als er in Prag den Veitsdom fertig hatte, wollten alle Fürsten Europas genau so einen Dom. Möglichst schnell. Als er die Karlsbrücke erbaut hatte, wollten alle so eine Brücke. Egal, wie breit der Fluss war. Seine Madonnen und Heiligenfiguren wurden überall nachgeahmt. Erst recht seine krausen Phantasietiere und Dämonen. Sie waren alle aus Stein, aber wirkten lebendig. Wirken heute noch so. Denn das war die Meisterschaft des Peter Parler, und das ist auch Ihre Meisterschaft: Was er schuf, hatte Seele.

Es ist unwahrscheinlich, dass jemand Ihnen den Auftrag gibt, einen Dom zu bauen. Das haben Sie schon in einem früheren Leben hinter sich gebracht. Aber was immer Sie in diesem Leben künstlerisch beginnen, das hat Seele. Das leuchtet von innen. Das wird lebendig.

Also beginnen Sie. Jetzt ist die Zeit dazu. Deshalb sind Sie in diesen Raum gekommen. In der Familie von Peter

Parler waren lauter Bildhauer und Steinmetze tätig. Alle hämmerten irgendwie herum. Das tut bei Ihnen zum Glück keiner. Aber wenn Sie genauer hinsehen bei Ihren Ahnen, dann bemerken Sie, dass sich da überall eine muntere Kreativität regte. Dass etliche davon, und besonders Ihre Lieblingsvorfahren, eine helle Phantasie hatten und, so weit es möglich war, auch umsetzten. Es wäre ein furchtbarer Verlust für die Kunst des 21. Jahrhunderts, wenn Sie Ihre Talente schlummern ließen. Also holen Sie den Hammer raus. Donnern Sie einmal damit auf den Tisch. Und fangen Sie an. Peter Parler machte das so. Ein Hammerschlag nach dem Frühstück impfte ihm Power ein, nach dem Motto: Jetzt geht's los. Und dann ging's los. Genau wie bei Ihnen. Sie kommen noch groß raus!

9.
Die Urkunde des Simon Traston

Sie sind ein Künstler im Fabulieren. Nicht so sehr mit Pinsel oder Papier. Sondern im wirklichen Leben. Andere brauchen Druckerschwärze, um Märchen zu verbreiten. Sie nicht. Sie lügen auch so wie gedruckt. Ja, ertappt! Aber das ist keine Schande. Die Wahrheit ist selten zu haben. Jeder schwindelt. Nur: Sie machen eine Kunst daraus.

Willkommen also bei der kostbaren Urkunde des Simon Traston. Sie ist genauso gefälscht wie die antiken Gegenstände, deren Echtheit sie garantiert. Simon Traston war Goldschmied in Mecklenburg. Vor fast dreihundert Jahren machte er einen sensationellen Fund. In der sumpfigen Erde bei Prillwitz stieß er mit dem Spaten auf Metall. Und grub ein Dutzend bronzener Götterfiguren aus. Es waren slawische Götzenbilder, heilige Statuen der Wenden, übersät mit rätselhaften Runen. Lüsterne Göttinnen, drachenhafte Gestalten, uralte Zauberfiguren, ein doppelgesichtiger Hüne, den Wissenschaftler als das Orakel von Röbel identifizierten: mannshoch, mit bärtigem Gesicht auf der Vorderseite und Stierkopf auf der Rückseite, garantiert zweitausend Jahre alt.

Ein paar Jahrhunderte lang wurden diese bronzenen Figuren, die so genannten Prillwitzer Idole, in ganz Europa ausgestellt, wissenschaftlich untersucht und gedeutet. Dann kam ein Spielverderber auf die Idee, dass es sich um Fälschungen handeln könnte. Hergestellt von jenem geschickten Goldschmied Simon Traston, der sie entdeckt hatte.

Richtig. Der Mann hatte phantastische Arbeit geleistet. Er gehört zu den bedeutendsten Fälschern des Abendlandes. Und Sie sind ein Meister nach seiner Art. Kunst, sprach der Philosoph Sokrates, ist ohnehin nichts anderes als Fälschung. Als phantasievolle Vortäuschung von Wirklichkeit. Sie sind so ein Künstler. Etwa, wenn es darum geht, anderer Leute Taten als eigene auszugeben. Eifersüchtige Partner zu beschwichtigen. Entschuldigungen zu erfinden. Auch vor sich selbst. Da blüht Ihre Phantasie. Okay. Aber jetzt verschwenden Sie nicht weiter Ihre Kreativität! Bauen Sie uns wenigstens eine Statue. Malen Sie was. Bringen Sie Ihre Lügengeschichten zu Papier. Wir wollen doch alle was davon haben!

Raum 5

Der Saal der Eremiten

Sie betreten den Saal der Einsiedler. Hier herrscht Ruhe. Vielleicht erscheint es Ihnen sogar, als sollten Sie diesen Raum nicht betreten. So als sei jede Störung hier unerwünscht. Aber das täuscht. Die Leute, deren Spuren Sie in diesem Raum erkennen, lassen sich nicht stören.

Sie befinden sich in den Gefilden der Außenseiter und Eigenbrötler, der Sonderlinge und Individualisten. Dass Sie ausgerechnet jetzt hierher gekommen sind, in dieser Phase Ihres Lebens, hat mit Ihrem Bedürfnis nach Rückzug zu tun. Mit Ihrem Wunsch, innezuhalten und eine Zwischenbilanz zu ziehen. In Ruhe nachzudenken über einige Beziehungen und einige Ziele. Über Ihren Weg. Und Sie werden dabei unterstützt.

Denn es sind geistvolle Leute, die in diesem Saal ihre Spuren hinterlassen haben. Philosophen und Mystiker, Entwerfer von Weltanschauungen, passionierte Tüftler und einsame Herrscher. Einige zogen es vor, für sich zu bleiben, und bauten zufrieden das Gehäuse ihrer Weisheit aus. Andere blieben souverän inmitten der Menge. Eines ist ihnen allen gemeinsam: Sie verkörpern die Unabhängigkeit. Sie waren frei.

Und darum geht es jetzt: um Ihre persönliche Unabhängigkeit, um Ihre Freiheit. Sie sind hierher gekommen, um ein paar Fesseln abzulegen. Das sind keine Fesseln, die ihnen andere angelegt haben; obwohl es Ihnen so erscheinen mag. Nein, es handelt sich um Fesseln, in die Sie sich selbst gebunden haben. Sie benötigen sie nicht mehr.

Was Sie stattdessen benötigen, ist ein Raum der Stille. Entweder ganz konkret: in Ihrer Wohnung. Vielleicht wollen Sie auch allein irgendwo hinfahren. Für eine Zeit der Stille. Oder es genügt Ihnen, wenn Sie diesen Raum und diese Zeit in Ihrem Kopf schaffen. In Ihrem Denken.

Auf jeden Fall möchten Sie Abstand haben. Um klarer zu sehen. Um klarer zu fühlen. Um herauszufinden, was Sie wirklich wollen.

Brauchen Sie dabei ein bisschen Unterstützung? Von einem der Meister hier? Er oder sie wartet schon. Wer es ist? Das finden Sie jetzt heraus.

Sie sehen in diesem Saal neun Gegenstände ruhmreicher Geistesgrößen und Sonderlinge. Sie erkennen die abgelaufenen Schuhe tapferer Sucher, die abgebrannten Kerzen nachtsüchtiger Mystiker, sehen geheimnisvolle Siegel und glimmende Steine, Masken, Kutten und Totenschädel, Gebetsteppiche und den blinden Spiegel eines Selbsterforschers. Wenn Sie näher herangehen, scheint es Ihnen, als vibriere noch Energie in diesen Reliquien. Und tatsächlich hält das Wirken der alten Meister noch an; ihre Anwesenheit ist in diesem Raum körperlich spürbar.

Einer dieser Einzelgänger wird Sie unterstützen. Er oder sie verkörpert die Kräfte, auf die Sie sich verlassen können. Welche Kräfte das sind? Das erkennen Sie aus dem Tag Ihrer Geburt zusammengenommen mit dem heutigen Tag. Sie sind an einem 16. geboren? Und heute ist der 21.? Dann addieren Sie die beiden Zahlen und ziehen Sie die Quersumme. 16 plus 21 sind 37. Die Quersumme von 37 ist 10, die Quersumme von 10 ist 1.

Das bedeutet: Der erste Gegenstand symbolisiert Ihre Kräfte. Es ist der Totenkopf, den der dänische Königssohn Hamlet auf einem Friedhof fand. Und bei dessen Anblick er ins Grübeln kam. Hamlet ist Ihr Held. In einem früheren Leben waren Sie Hamlet. Oder sind es noch.

Aber rechnen Sie nach, welcher der neun erlauchten Eigenbrötler Ihnen tatsächlich zugeteilt ist. Und schlagen Sie die Seite auf.

1.
Der Totenkopf des Prinzen Hamlet

Ah, Sie sind Melancholiker. Sonst wären Sie nicht hier. Sie neigen zur Philosophie. Das ist Besorgnis erregend. Vielleicht nicht für Sie. Aber für die anderen. Sie denken nach. Und kommen dabei zu keinem Ergebnis. Oder sind Sie schon mal zu einem Ergebnis gekommen? Ja? Aber bestimmt nur zu einem vorläufigen.

Trotzdem Gratulation. Der berühmteste Prinz der Weltgeschichte ist Ihr Pate. Ihr Vorfahr. Womöglich Ihre Inkarnation in einem früheren Leben. Erinnern Sie sich, wie Sie in nebelhafter Vorzeit am Fenster eines Schlosses standen, hoch über dem Meer? Und wie Sie über den Sinn des Lebens nachgrübelten? Sie waren Prinz von Dänemark. Erinnern Sie sich, wie Ihnen Reichtum, Land und Leute, Herrschaftspflichten kaum etwas bedeuteten? Weil Ihnen etwas anderes wichtiger erschien? Wie Sie aber nie so richtig rauskriegten, worin das andere eigentlich bestand? Ja. Sie waren Hamlet. Sie sind Hamlet. Denn in der gegenwärtigen Phase Ihres Lebens treten die Spuren dieses edlen Unentschlossenen deutlich zu Tage. Sie stehen vor einer wichtigen Entscheidung und wissen nicht genau, was Sie tun sollen. Vielleicht leugnen Sie sogar, dass eine Entscheidung ansteht. Dass eine klare Tat von Ihnen gefordert ist. Sie zaudern. Geben verschwommene Signale. Sie haben das Gefühl, andere zerren an Ihnen herum. Während Sie sich erst einmal klar werden wollen über den Sinn des Ganzen. Hamlet nahm zu diesem Zweck einen Totenschädel in die Hand und sinnierte dann vor sich hin. Das brauchen Sie nicht. Ihnen fällt auch so genug ein, um ein paar fällige Entschlüsse noch hinauszuzögern.

Immerhin: Das ist kreativ. Und ziemlich tiefsinnig. Denn dahinter steckt eine Erkenntnis, die Sie mit den größten Weisen verbindet: dass auf der Ebene der Gedanken letzten Endes kein Sinn zu finden ist. Der Sinn liegt jenseits der Gedanken. Als Hamlet das erkannt hatte, fühlte er sich erleichtert und befreit. Und handelte. Das endlose Abwägen von Argumenten, wurde ihm klar, ist nichts gegen das Ausprobieren. Leider dämmerte ihm das erst am Ende seiner Tage. Sie sind jetzt schon so weit. Und probieren aus. Mit spielerischer Leichtigkeit.

2.
Die Schere des Capability Brown

Lancelot Capability Brown war der bedeutendste Landschaftsarchitekt Britanniens. Die Briten sagen: der Welt. Er verwandelte ganz Süd- und Mittelengland in eine Parklandschaft. Von allen Gestaltern war er der behutsamste. Seine Parks wirken wie von der Natur selbst hervorgebracht. Unmerklich wachsen sie in die umgebende Landschaft.

Ein behutsamer Gestalter: Das sind auch Sie. Sie verfügen über dieselbe innere Heiterkeit, die um 1750 Lancelot Brown nachgerühmt wurde. Er ging mit leichter Hand ans Werk. Er lächelte. Und seine Landschaften lächelten zurück.

Ob Sie Ihr Zimmer umgestalten, Ihren Arbeitsplatz oder Ihren Partner: Sie tun es ebenfalls lächelnd. Sie verwandeln mit leichter Hand. Niemals gegen die Natur. Immer mit der Natur. Dieses Talent kommt jetzt deutlich zum Vorschein. Dieses sanfte Handeln im Einklang mit der geheimen Ordnung. Lancelot Capability Brown machte eine beispiellose Karriere. Und war zugleich ein Eremit. Er legte über zweihundert weiträumige Landschaftsgärten an. Er komponierte mit der Natur: schuf weite Wiesengründe mit gewelltem Terrain, pflanzte Baumgruppen und Waldgürtel, legte Seen an mit weichen Uferlinien. Doch er wohnte niemals im Schloss oder

Landsitz seines Auftraggebers. Sondern stets im kleinen Eremitenhäuschen, das damals zu jedem Landschaftspark gehörte. Er wollte in der Natur bleiben. Wollte einfach leben. Ohne Dienerschaft. Ohne Luxus. Er war glücklich mit wenigen Dingen.

Und genau diese geniale Schlichtheit ist auch Ihnen gegeben. Sie brauchen nicht viel, um glücklich zu sein. Besitz besitzt, sagte Capability Brown und verlangte nur eine Heckenschere, um gelegentlich das Fenster seines Einsiedlerhäuschens frei zu schneiden. Natürlich besaß er noch ein bisschen mehr. Immerhin gehörte der König zu seinen Kunden. Aber er war nicht auf Wohlleben angewiesen. Und über diese Freiheit verfügen auch Sie. Sanft gehen Sie mit dem Gang der Dinge. Und greifen milde gestalterisch ein. Sie lächeln dabei. Die Welt lächelt zurück.

3.
Die Kutte des Savonarola

Alle Achtung. Sie haben Feuer. Ausstrahlung. Charisma. Sonst wären Sie nicht zu Savonarola gelangt. Unter den Denkern verkörpert er den hitzigen, kämpferischen, mitreißenden Typ. Im Florenz des 15. Jahrhunderts war er der Mann, der die Massen aufpeitschte. Könnten Sie übrigens auch, wenn Sie wollten. Die Begabung haben Sie. Er war außerdem ein Prophet. Er sagte den Sturz der herrschenden Familie Medici voraus. Der Sturz kam. Auch Sie haben eine prophetische Begabung. Gerade jetzt ist die Zeit, in der diese Begabung immer deutlicher durchschimmert. Aber weiter: Savonarola hatte, genau wie Sie, einen unfehlbar kritischen Blick. Niemand konnte ihm etwas vormachen. Nichts entging ihm. Und weil er Mönch war – echter Mönch, nicht wie Sie mal so zwischendurch ein bisschen enthaltsam –, und weil er die Bibel kannte, fiel ihm die Korruption in der Kirche auf. Und da machte er einen Fehler, der Ihnen auch passieren könnte: Er legte sich mit seinem Chef an. Der Papst hatte damals mehrere Frauen und zahlreiche Kinder. Savonarola fand das nicht richtig. Deshalb predigte er gegen den Papst. Das wiederum gefiel dem Papst nicht. Und er machte kurzen Prozess. Er ließ Savonarola in jenes Reich befördern, in dem die Wahrheit mehr Chancen hat.

Was sagt uns all das über Sie netten Menschen? Es sagt,

dass Sie ein Freund von Wahrheit und Unbestechlichkeit sind. Besonders, wenn die anderen bestechlich sind. Dass Sie Güte und Aufrichtigkeit fordern. Vor allem von den anderen. Sie sind der Ansicht, die Menschen sollten sich richtig verhalten. Und was richtig ist, das sagen Sie.

Na, herzlichen Glückwunsch. In Ihnen steckt ein reizender kleiner Diktator. Ein geheimer Fundamentalist. Einer, der gern diktieren würde, was die anderen zu tun haben. Und der das alles als höhere Wahrheit ausgibt. Eines muss man Ihnen lassen: Sie haben tatsächlich eine tiefe Liebe für die Wahrheit. Und weil Sie, soweit wir das beurteilen können, dazu noch immer mehr Güte entwickeln, könnten Sie richtig weise werden. Aber bevor Sie das sind: Halten Sie uns doch mal eine gesalzene Strafpredigt!

4.
Die Stiefel des Dante Alighieri

Es gibt Leute, denen ist es gegeben, die Beine hochzulegen. Ihnen nicht. Sie werden umgetrieben, mehr von äußerer als von innerer Unruhe. Sie werden von den Stürmen des Lebens umhergeblasen. Jedenfalls jetzt, in dieser Phase. Und deshalb sind Sie hierher gelangt, zu Dante Alighieri, dem größten italienischen Dichter.

Dem war es nicht vergönnt, lange an einem Platz zu bleiben. Aber er schaffte, was auch Sie schaffen: den Platz zum Bleiben in sich selbst zu finden. Er baute keine Klause im Wald, suchte nicht Zuflucht im Kloster. Er fand Zuflucht und Klause in sich selbst. Wie – das wüssten wir gern. Tatsache ist, dass Freunde, Gönner und sogar Feinde, die ihn kennen lernten, seine Abgeklärtheit bewunderten, seinen heiteren Gleichmut selbst in Gefahr. Immerhin lebte Dante in einem Zeitalter der Kriege. Er wurde um 1300 aus seiner Heimatstadt Florenz verbannt, von Todesschwadronen des Papstes verfolgt, von Häschern des Gegenkaisers gehetzt, zum Tod durch Feuer und später noch einmal zum Tod durch Enthauptung verurteilt, Kopfgeldjäger hefteten sich auf seine Spur.

Aber während er auf seiner Flucht ein Paar Stiefel nach dem anderen verschliss – die letzten sehen Sie hier – schaffte er es, eines der Masterpieces der Weltliteratur zu Papier zu bringen, Göttliche Komödie genannt, bestehend aus über vierzehntausend erlesenen gereimten Versen. Er brachte das zustande, so drückt es sein Malerfreund Giotto aus, weil er aus einer inneren Quelle schöpfte, deren Klarheit und Stille durch nichts zu beeinträchtigen war.

Schön für ihn. Schön für Sie. Denn diese Quelle haben Sie auch. Und über die Fähigkeit, auch im größten Getümmel mit ihr verbunden zu bleiben, verfügen Sie ebenfalls. Dante selbst meinte, man müsse durchs Feuer geschritten sein, um zu diesem inneren Kraftort zu gelangen.

5.
Der Stein des Montaigne

Als Michel Eyquem, der Schlossherr von Montaigne, neununddreißig Jahre alt wurde, sprach er: Jetzt mache ich es mir gemütlich. Das Datum ließ er in den Querbalken seines Bücherzimmers kerben: 28. Februar 1571. In süßer Weltflucht und mit unverbaubarem Blick über die Hügel von Bordeaux, wollte er fortan seine Tage verbringen. Meine Zeit, schrieb er, ist nur noch der Freiheit und der Muße geweiht. Das hätten auch Sie schreiben können. Nicht zufällig sind Sie an diesen Schreibtisch gelangt, auf dem übrigens ein seltsamer Stein liegt, ein Stein des Montaigne. Dieser Eigenbrötler ist der Lieblingsphilosoph aller, die sich gern auf die faule Haut legen. Das Idol jener Menschen, die gern über die Unverbesserlichkeit der Welt seufzen, sich dann ein Glas Rotwein einschenken und aufs Sofa legen. Am liebsten im Turmzimmer eines ererbten Schlosses, wie Montaigne. Aber notfalls tut es auch ein abschließbares Zimmer.

Erkennen Sie sich wieder? Aber ja! Auch Sie huldigen der Philosophie der Gelassenheit. Auch Sie sehen nicht ein, warum das Leben aus Hektik und Lärm bestehen soll, wenn es genauso gut auch beschaulich und genussvoll zugehen kann. Er sei der ewigen Pflichten müde, erklärte Montaigne an jenem neununddreißigsten Geburtstag. Okay, Sie sind viel jünger oder sehen jedenfalls jünger aus. Aber das liegt vielleicht daran, dass sie sich aller lästigen Bürden geschickt entledigen. Sollen andere im Schlossgarten Unkraut jäten. Ihnen genügen die Rosen. Das ist eine noble Einstellung. Möge sie Ihnen erhalten bleiben. Montaigne notierte übrigens während seiner Mußestunden allerlei, was ihm so durch den Kopf ging. Über Eitelkeit und Einsamkeit, Müßiggang, Tod, aber auch über Hinkefüße und Blasenleiden. Das ist inzwischen zur Lieblingslektüre aller Rotweintrinker geworden. Ach übrigens, der Stein. Es handelt sich um einen Nierenstein. Heute, notierte Montaigne im Mai 1580, ist mir wieder einer abgegangen; es wird wohl der Stein der Weisen sein. Gelobt sei solche Gelassenheit! Trinken Sie mäßig. Und freuen Sie sich auf eine angenehme Zeit.

6.
Die Kerze des Meister Eckehart

Eckehart von Hochheim, genannt Meister Eckehart, war ein Nachtmensch. So ähnlich wie Sie. Punkt Mitternacht wurde er geboren. Rund um die Mitternacht kreiste sein Dasein. Für einen Menschen im Mittelalter und für einen, der selten das Tageslicht sah, lebte er erstaunlich lange: siebzig Jahre. Doch die Zeit ist nichts, lehrte er; in jedem Augenblick kannst du die Ewigkeit erfahren. Wenn du in den Raum zwischen den Gedanken blickst, erlebst du die vollkommene Stille, erlebst du jene Zeitlosigkeit, in der alles, was sein wird, immer schon da war.

Na ja, sagen Sie, das hört sich reichlich mystisch an; ich trinke um Mitternacht lieber Rotwein. Auch nicht schlecht. Doch was Meister Eckehart erlebt hat, haben auch Sie schon erlebt: dass plötzlich die Zeit angehalten war. In einem Konzert oder am Strand beim Wellenrauschen, auf einem hohen Berg oder kurz vor dem Einschlafen oder mitten am Tag. Da war plötzlich Stille. Da gab es für einen Moment keine Zeit mehr. Sie waren eins mit allem. Waren ohne Gedanken und trotzdem total präsent. Und als Sie gerade dachten: das ist es!, da war der Augenblick vorbei. Sie werden solche Erlebnisse immer häufiger haben. Deshalb sind Sie hier. Sie werden innerlich immer ruhiger werden. Allerdings bleibt Ihnen auch eine Erkenntnis nicht erspart, die Meister Eckehart ebenfalls machte: dass Sie anderen Menschen Ihre Erfahrungen nicht richtig mitteilen können. Ausgerechnet mit den Erlebnissen, von denen Sie am meisten berührt sind, bleiben Sie allein. Ist das betrüblich? Letzten Endes nicht. Nur vorübergehend schaudert Ihnen bei der Gewissheit, dass niemand Sie wirklich verstehen kann. Weil auch das Umgekehrte gilt: Sie können niemand anderen wirklich verstehen. Geschweige denn ändern. Aber das hat auch sein Gutes. Sie werden zurückhaltender in Ihrem Urteil über andere. Werden großzügiger, geduldiger, nachsichtiger. Ja, gerade diese Erkenntnis trägt zu Ihrem inneren Frieden bei. Und dass dieser innere Frieden sich immer mehr festigt, egal, was Sie tun oder wie laut Sie sein mögen, das ist garantiert. Mit Gruß von Meister Eckehart.

7. Das Siegel der Heloise

Heloise war die bedeutendste Weisheitslehrerin des Mittelalters. Sie ist im Kloster dazu geworden. Und ins Kloster ist sie gegangen, weil ihre Liebe anders nicht zu retten war.

Und Sie? Wollen Sie ins Kloster gehen? Nein. Ist Ihre Liebe unrettbar verloren? Ebenfalls nicht. Aber es gibt in Ihrem Leben etwas, auf das Sie verzichten müssen. Und Sie sind jetzt hierher gelangt, zu Heloise, weil diese Frau vor tausend Jahren herausbekommen hat, was Sie gerade merken: dass jeder Verzicht und jeder Verlust durch einen Gewinn aufgewogen wird. Und dass am Ende der Gewinn größer ist – jedenfalls bei so wachen und warmherzigen Leuten wie Ihnen und jener Frau. Heloise war wie Sie, jung, verführerisch und intelligent, als ihr Onkel einen Lehrer ins Haus holte. Einen Philosophen namens Abaelard. Er war ein Guru jener Zeit, eine Menge schwärmender Jünger umgab ihn. Er hatte eine ungewöhnliche Ausstrahlung. Und er hat seinen Schülern zur Erkenntnis der Wahrheit oder gar zur Erleuchtung verholfen.

Seiner Schülerin Heloise verhalf er zu anderen Wonnen. Und als ihr schwerhöriger Onkel das herausbekam, war sie bereits schwanger. Der Onkel reagierte scharf. Er ließ den berühmten Philosophen überfallen und entmannen. Heloise kam ins Kloster.

Nun folgte der zweite, vielleicht der eigentliche Teil der Love Story. Abaelard bekannte sich zu seinen Verfehlungen und begann einen Briefwechsel mit Heloise. In diesem Briefwechsel entwickelte sich ihre Liebe weiter. Klärte sich. Wurde intensiver. Geistiger. Schraubte sich in immer lichtere Höhen. Und Heloise wurde mit diesem Briefwechsel zur überlegenen Persönlichkeit und übrigens zur ersten Frau, zu der Kirchenlehrer pilgerten, um die Auslegung der Schrift zu lernen. Denn Heloise war weise. Sie hatte alles durchlebt.

Und Sie? Sie haben ebenfalls eine Menge durchlebt. Sie sind auf dem Weg zur Weisheit. Müssen Sie sich dafür zurückziehen? Ja: von all dem, was Sie als überflüssig durchschaut haben. Darauf können Sie lässig verzichten. Der Gewinn strahlt Ihnen schon aus den Augen.

8.
Der Spiegel des Kaisers Rudolf

Sie sind ein edler, ein schwermütiger Aristokrat. Ja, gerade eben weht ein Hauch nobler Resignation über Ihr feines Antlitz. Sie kennen die Welt. Man braucht Ihnen nichts zu erzählen. Sie wissen Bescheid. Die Erfahrung vieler Leben schwingt in Ihrer hoheitlichen Aura. Wir verbeugen uns. Und gehen an unser Tagwerk.

Es ist eine Zeit angebrochen, in der Sie über den Sinn des Ganzen nachdenken. In der Sie noch einmal die Frage stellen, von der Sie dachten, Sie hätten sie mit der Pubertät erledigt. Die Frage: Wer bin ich? Es gibt Meister, die diese Frage für die einzige halten, die sich zu beantworten lohnt. Wer die Antwort fände, heißt es, wäre zugleich glücklich und frei. Kaiser Rudolf von Habsburg gehört zu diesen Meistern. Er widmete sich der Selbsterkenntnis. Und eine solche Phase ist nun auch in Ihrem Leben gekommen. Deshalb sind Sie hierher gekommen, in den Saal der Eremiten, an jenen Tisch, an dem Kaiser Rudolf saß. An diesem Tisch hockte er, vor vier Jahrhunderten, oben auf dem Hradschin, im Prager Königspalast, und blickte in einen Spiegel. Unverwandt sah er seinem Ebenbild in die Augen. Starrte in die Pupillen und versenkte sich in die Unendlichkeit.

Unterdessen knabberten andere an seiner Macht. An seinem Reich. An seinem Erbe. Er wehrte sich kaum.

Angeblich war er Herrscher. Doch er gab kaum Befehle. Die Ehrgeizlinge am Hof belehrte er: Ihr seid ohnehin nur Sklaven der Zeit. Und als sein Bruder mit Truppen kam und ihn vom Thron rempelte, fragte er: So viel Aufwand für einen Irrtum? Und schüttelte lächelnd den Kopf. Die anderen, heißt es in der Chronik, seien beschämt gewesen vor so großem inneren Frieden.

Mit anderen Worten: Die Zeichen stehen gut für Ihren Seelenfrieden. Stehen gut für das Nachdenken über Ihre Ziele. Gut für die Erforschung Ihres Herzensgrundes. Nur müssen Sie darauf Acht geben, dass Sie Ihren Alltag im Auge behalten und ab und zu ein paar Entscheidungen treffen. Sonst hebelt Sie jemand vom Thron. Und auf dem sitzen Sie, unserer Einschätzung nach, völlig zu Recht.

9.
Der Ehering der Schleiferbärbel

Oha. Da haben Sie ja was vor. Wissen Sie, wer die Schleiferbärbel war? Und warum diese Frau Einsiedlerin wurde? Weil sie so mehr Spaß hatte und mehr Geld verdienen konnte. Die Bärbel lebte vor dreihundert Jahren, als es in Deutschland noch viele Fürstentümer gab und als ein Räuber mühelos von Ländchen zu Ländchen flüchten konnte. Die Gendarmen durften nicht über die Grenze. Das war wichtig für die Schleiferbärbel. Eigentlich hieß sie Barbara Krämer und fiel zunächst nicht weiter auf. Aber nachdem sie einen Scherenschleifer geheiratet und wieder verlassen hatte, wurde sie berühmt.

Nachdem man ihr bei einem Überfall den Ehering geraubt hatte, sagte sie: Das kann ich auch. Das kann ich besser. Und wurde Deutschlands berühmteste und edelste Räuberin. Wie alle Edelräuber nahm sie von den Reichen und gab den Armen. Sie war ziemlich emanzipiert. Eine Zeit lang führte sie eine Bande, die dafür bekannt war, dass sie besser gekleidet herumstreifte als jede andere Gruppe der Zeit. Aber am liebsten ging Bärbel ihrem edlen Handwerk allein nach. Sie lebte in einer Höhle in der Nähe von Konstanz wie ein Einsiedler im Walde. Und schnappte sich ab und zu mal eine vorbeirollende Postkutsche. Übrigens gelegentlich auch einen Mann.

Na und? Was hat das mit Ihnen zu tun? Aber hallo! Sie

sind räuberisch begabt! Das hat es mit Ihnen zu tun! Was meinen Sie, warum Sie im Eremitensaal ausgerechnet zu Bärbel gelangt sind? Weil Sie genauso unabhängig sind. Genauso stark. Weil Sie genauso wissen, wo was zu holen ist. Und weil Sie es holen, wenn Sie es brauchen. In Ihnen steckt der rebellische Geist der Outlaws. Der Nonkonformisten. Der Außenseiter. Etwas Wildes wohnt in Ihnen. Es wohnt in uns allen – aber wir haben Angst davor und unterdrücken es. Während Sie ziemlich mutig sind. Sie fürchten sich nicht davor, gegen die Normen zu leben. Natürlich braucht heute kein Räuber mehr im Walde zu hausen. Er kann ganz gewöhnlich als Geschäftsmann leben und fällt nicht mehr auf. Aber Sie, Sie fallen auf. Wir sehen das Leuchten in Ihren Augen. Heh – was haben Sie vor? Sie edles, heißes, wildes Herz?!

Raum 6

Der Saal der Magier

Willkommen im Saal der Magier! Treten Sie ein in die geheimnisvolle Atmosphäre dieses Spiegelkabinetts. Hier verliert die Wirklichkeit ihre gewohnten Konturen. Wenn Sie ein paar Schritte in den Raum hineingehen, scheint der Boden nachzugeben. Ist er abschüssig? Die Perspektive verschiebt sich rätselhaft mit jedem Schritt. Oder werden die Wände verschoben, während Sie gehen? Die Wölbungen der Decke scheinen aufgemalt und vorgetäuscht. Und die Fenster blicken auf ständig changierende Landschaften.

Ja, hier sind Sie richtig. Hier wird gezaubert. Und Sie sind hierher gelangt, weil Sie empfänglich sind für ein bisschen Zauberei in Ihrem Leben. Gerade jetzt. Gerade in dieser Phase, in der unter Ihren Füßen der Boden ein wenig schwankt. In der Sie die vage Ahnung bekommen, dass es letzten Endes keine Sicherheit gibt. In dieser Zeit sind Sie empfänglich für magische Momente. Für zauberhafte Fügungen. Glückliche Zufälle. Für die helfende Hand freundlicher Kräfte.

Denn es geht nicht um Hokuspokus oder schwarze Magie. Es geht nicht um Leichtgläubigkeit. Sie sind skeptisch. Zu Recht. Aber zugleich sind Sie offen. In letzter Zeit haben Sie erfahren, dass zwischen Himmel und Erde noch einige Phänomene wirken, die mit dem Fernglas nicht zu erkennen sind. Und die von Wissenschaftlern vermutlich erst in ein paar Jahrzehnten gesichtet werden. Sie wissen: Der Gelehrte ist nicht weise. Und der Weise nicht gelehrt. Legenden und Sagen enthalten mehr Wahrheit als die Fakten eines Nachrichtenmagazins. Und magische Momente sind realer als die Wirklichkeit.

Also hereinspaziert. Sie sind schon mittendrin in dem Fluidum, in dem ganz von selbst geschieht, was andere Leute Wunder nennen. In der Sphäre jener freundlichen Ladies und Gentlemen, die lange experimentiert haben, um am Ende herauszufinden, dass Magie etwas ganz Einfaches und Natürliches ist. Das dämmert Ihnen auch gerade. Und jemand will Sie auf Ihrem Weg unterstützen. Wer? Das finden Sie jetzt heraus.

Sie sehen in diesem Saal neun Werkzeuge berühmter Zauberlehrlinge und Meister. Sie sehen sternenbesäte Umhänge und Tafeln mit fremden Schriftzeichen, uralte Münzen und magische Metalle, Flakons mit schillernden Flüssigkeiten und farbigem Pulver, seltsame Wurzeln und wächserne Blüten, Amulette und Talismane, Tiegel, Dosen und Kästchen voller geheimer Fächer. Ja, hier vibriert magische Energie. Und tatsächlich hält das Wirken der alten Meister noch an; ihre Anwesenheit ist beinahe körperlich spürbar.

Einer dieser zauberkundigen Freunde wird Sie unterstützen. Er oder sie verkörpert die Kräfte, auf die Sie sich verlassen können. Welche Kräfte das sind? Das erkennen Sie aus dem Tag Ihrer Geburt zusammengenommen mit dem heutigen Tag. Sie sind an einem 22. geboren? Und heute ist der 30.? Dann addieren Sie die beiden Zahlen und ziehen Sie die Quersumme. 22 plus 30 sind 52. Die Quersumme von 52 ist 7.

Das bedeutet: Der siebente Gegenstand symbolisiert Ihre Kräfte. Es ist das Fläschchen der Isolde. Dieses Fläschchen enthielt – und enthält noch immer, denn es ist unerschöpflich – den hochwirksamen Liebestrank.

Aber rechnen Sie nach, welcher der neun würdevollen Magier Ihnen tatsächlich zugeteilt ist. Und schlagen Sie die Seite auf.

1. Die Schale des Albertus Magnus 137
2. Die Zauberrute der Sibylle von der Teck 139
3. Der Weißdornzweig des Merlin 141
4. Der Schleier der Mona Lisa 143
5. Die Kristallkugel des Johannes Faust 145
6. Die Lunte des Nostradamus 147
7. Das Fläschchen der Isolde 149
8. Das Staubgefäß des Rabbi Löw 151
9. Das Amulett des Grafen Cagliostro 153

1.
Die Schale des Albertus Magnus

Albertus Magnus gilt als der größte Gelehrte des Mittelalters. Und zugleich als größter Magier. Zeitgenossen berichten, er habe im Winter blühende Gärten und frische Früchte erscheinen lassen. Doch das ist unwahrscheinlich. Nicht weil er es nicht vermocht hätte. Sondern weil er dergleichen Zauber für überflüssig hielt.

Das Universum ist bereits vollkommen, lehrte er. Jeder Versuch, es zu verbessern, führt nur zum Krieg. Wir werden erst glücklich, wenn wir die vorhandene Vollkommenheit erkennen. Wer sie erkannt hat, der vermag alles.

Sie zum Beispiel. Denn Sie sind auf dem besten Wege dahin. Ihnen dämmert schon seit geraumer Zeit, was Albertus auf Pergament notierte: Jeder äußere Gewinn ist mit einem gleich hohen Verlust verbunden. Sie haben bereits gemerkt, dass Sie alles mögliche vermehren, vergrößern, verändern, komfortabler einrichten können. Und doch ist nichts Entscheidendes damit gewonnen.

Womit denn? Ihr Patron Albertus meinte: mit Magie. Er verstand darunter das Erleben von magischen Momenten. Und das Schaffen von magischen Momenten. Lange und unverwandt, gab Papst Urban zu Protokoll, blickte Albertus Magnus mir in die Augen, in vollkommener Ruhe, danach war ich geheilt. Er hielt seine Hände über mich, schrieb der Kölner Erzbischof Konrad, und meine Schmerzen lösten sich auf.

Genau diese Art weiße Magie gehört auch zu Ihren vornehmsten Kräften. Und jetzt, gerade in dieser Phase Ihres staunenswerten Lebens können Sie diese Kräfte beleben. Wie? Das werden Sie demnächst erfahren. Wie durch Magie.

Albertus füllte eine dunkle Schale mit Wasser, berichten seine Schüler, und sah unverwandt hinein. Er versenkte sich in das Spiegelbild seiner Augen. So, meinten sie, bekam er allmählich den magischen Blick. Das war um 1300. Sie können mit einem gewöhnlichen Spiegel üben. Und wenn Sie dann blühende Gärten und frische Früchte zaubern, sagen Sie uns Bescheid.

2.
Die Zauberrute der Sibylle von der Teck

Sibylle lebte zu einer Zeit, als man noch keine Nachnamen hatte. Sie wird Sibylle von der Teck oder auf der Teck genannt, weil sie in der Schwäbischen Alb am Fuß des Teckfelsens lebte. Heute müsste sie für ihre Höhle Steuern an den Kreis Esslingen zahlen. Und ein Finanzbeamter würde ihr unterirdisches Schloss besichtigen, um zu prüfen, ob die Räume voller Gold und Edelsteine nicht dem Staatssäckel zugeführt werden könnten. In diesem Fall hätte Sibylle den Beamten allerdings zu Stein verwandelt und in ihren reichhaltigen Statuengarten eingereiht.

Hört sich das gut an? Ja. Gut für Sie. Denn Sie haben die zauberische Macht der rothaarigen Sibylle. Sie haben die Kräfte keltischer Druiden und Seherinnen. Sonst hätten Sie nicht hierher gefunden. Dass Sie über eine hellseherische Begabung verfügen, haben Sie wohl vermutlich schon bemerkt. Sie wissen, wer am Telefon sein wird, wenn es klingelt. Es passiert Ihnen auch immer wieder, dass Sie an jemanden denken, und wenig später begegnen Sie ihm. Oder dass jemand anderes ausspricht, was Sie gerade gedacht haben.

Die Energie Ihrer Gedanken ist stark. Und Ihre Sensibilität nimmt Strömungen wahr, die an den meisten unbemerkt vorbeigehen. Und jetzt ist die Zeit gekommen, dieses machtvolle Talent zu nutzen. Die mittelalterliche Seherin Sibylle gebrauchte ihr magisches Talent, um anderen zu helfen. Muss das sein? Nein. Aber natürlich wusste sie, was alle großen Propheten, alle Seher, alle Wundertäter wussten: Dass magische Kräfte nur wachsen, wenn sie zum Guten genutzt werden. Das ist nicht bedauerlich, denn wer anderen hilft, hilft sich selbst. Wer andere lehrt, lernt selbst am meisten. Wer anderen gibt, dem wird geschenkt. Sibylles Söhne, die mit derselben Macht begabt waren, hatten das nicht begriffen. Sie wollten nur raffen und zerstörten binnen kurzem sich selbst. Das werden Sie nicht tun. Sie gehören zu den liebevollen Magiern. Also: Zaubern Sie was für uns. Es müssen nicht gleich Edelsteine sein. Für den Anfang reicht eine Tafel Schokolade. Aber nicht so eine billige!

3.
Der Weißdornzweig des Merlin

Am seltsamsten ist Merlins Ende. Im Wald begegnet der weise Mann einer feenartigen Frau. Und er ist so angerührt von ihrem Charme, dass er ihr all seine Zauberkünste verrät – obgleich er genau spürt, dass sie diese Künste zu seinem Verderben anwenden wird. Und wirklich, als er wenig später neben ihr einnickt, versenkt ihn die Fee in ewigen Schlaf. Ein Traum unter einem Weißdornbusch gaukelt ihm seither die ewige Vereinigung mit ihr vor.

Ein schöner Traum. Und doch ein Betrug. Merlin werde erst daraus erwachen, so erzählen die alten Quellen, wenn der Weißdornzweig, den er im letzten Moment des Wachseins abgeknickt hat, gewachsen ist. Und zwar so weit, dass die Dornen den Zauberer wach pieken. Aber hier ist der Weißdornzweig, Sie sehen ihn im Saal der Magier. Er ist nicht gewachsen. Merlin träumt weiter. Und warum sind Sie hier?

Weil Ihnen jetzt, in dieser Phase Ihres Lebens, klar wird, dass Sie einige der wundertätigen Talente des Merlin haben. Das sind nämlich nicht unerreichbare Begabungen eines fernen keltischen Barden, der ursprünglich Myrddin hieß, vor anderthalbtausend Jahren. Das sind ganz gegenwärtige, völlig reale Begabungen, die in jedem Menschen angelegt sind, die aber bei Ihnen jetzt gerade lebendig werden. Hellsichtigkeit. Die Fähigkeit, Schutzräume zu schaffen. Andere von Bann und Zauber zu lösen. Ihnen zu Freiheit zu verhelfen. Merlin baute Stonehenge, heißt es. Das müssen Sie also nicht mehr tun. Er verstand die Sprache der Tiere. Das können Sie, wenn Sie nicht wörtlich übersetzen müssen, ebenfalls. Er vermochte aus den Gestirnen das Schicksal zu lesen. Auch kein Problem. Und er half den Rittern um Artus mit geistiger Unterweisung. Das schaffen Sie erst recht. Sie sind begnadet als Weisheitslehrer. Und wir tumben Ritter freuen uns schon auf Ihren nächsten schlauen Satz. Aber dann das: Sie lassen sich bestricken. Geben alles her, obgleich Sie wissen, dass man Sie betrügen wird. Und wirklich, Sie werden betrogen. Warum lassen Sie das zu? Und wollen Sie es noch länger zulassen? Nein. Deshalb haben Sie den Weißdornzweig. Er piekt Sie wach.

4.
Der Schleier der Mona Lisa

Sie gehören zu jenen Menschen, die anderen Leuten Rätsel aufgeben. Die immer unergründlich bleiben. Sogar wenn Sie selbst das Gefühl haben, alles zu sagen und offen zu sein, bleibt für die anderen ein undurchschaubarer Rest. Und dieses Geheimnis macht Sie anziehend. Es gibt Ihnen die magische Aura. Den unerklärlichen Reiz. Schon gemerkt? Wenn nicht, dann wird es Ihnen jetzt allmählich bewusst. Denn jetzt, heute, sind Sie in den Saal der Magier getreten. Das ist kein Zufall. Sie sind direkt zu Lisa del Giocondo gekommen, zu jener Mona Lisa, deren Porträt seit fünfhundert Jahren die Betrachter fasziniert.

Ihre Patin, als Lisa Gherardini geboren, war vierundzwanzig Jahre alt, als sie von Leonardo da Vinci porträtiert wurde. Sie hatte einen zwanzig Jahre älteren Florentiner Kaufmann namens Giocondo geheiratet, war nun Mutter zweier Kinder und lebte in bürgerlichem Wohlstand in der Via della Stufa. Das wissen wir.

Den Rest erzählt ihr Porträt. Und dieser Rest macht das Mysterium aus. Dieser Rest ist unerschöpflich. Damit verhält es sich wie bei Ihnen. Wer Sie flüchtig ansieht, wird vielleicht zunächst nichts bemerken. Wenig später aber wird ihm klar, dass er jemand Außergewöhnliches gesehen hat. Wer Sie länger ansieht, entdeckt ohnehin viel. Und wer Sie richtig lange ansieht, erblickt die magische Unendlichkeit.

Sie sind jetzt in einer Lebensphase, in der Ihnen Ihre besondere Ausstrahlung langsam bewusst wird. In der Ihnen auch die damit verbundene Macht bewusst wird. Mona Lisa legte sich einen Schleier übers Haar. Er signalisierte: Ich bin verheiratet, haltet Abstand. Auch Sie könnten so einen Schleier nötig haben, wenn demnächst die Fans und die Schwärmer heraneilen.

Wundern Sie sich jedenfalls nicht, wenn am Sonntag ein Reisebus voller Japaner vor Ihrem Haus hält. Das ist Ihrem Mysterium zuzuschreiben, Ihrer magischen Ausstrahlung. Also gönnen Sie den Touristen, gönnen Sie uns Bewunderern einen Hauch Ihres Lächelns. Bitte. Jetzt.

5.
Die Kristallkugel des Johannes Faust

Alle Achtung! Sie sind also ein faustischer Mensch! Ein Sucher. Ein Mensch, der ewig strebend sich bemüht und am Ende tatsächlich so etwas wie eine Erleuchtung erlebt. Das ist schön. Das macht Mut. Eines muss allerdings gesagt sein: Der historische Johannes Faust war zwar das Vorbild für Goethes Faust. Aber ganz so edel grüblerisch und arbeitsam war er nicht. Johannes Faust war mehr so einer wie Sie. Der wollte gern die Geheimnisse der Magie erlernen. Aber nicht, um Erkenntnisse höherer Welten zu sammeln. Sondern um ein lustvolles, genussreiches Dasein zu führen.

Gegönnt. Nichts spricht dagegen. Johannes Faust, Ihr Pate oder Ihre Inkarnation um 1500, machte – ehe er es selbst zu etwas gebracht hatte – eine wunderbar reiche Erbschaft. Das ist schon mal gut. Das Geld nutzte er, um in edlen Herbergen absteigen zu können, denn er war ein Reisender, ein unsteter Geist wie Sie. Und er nutzte es, um magische Künste zu erlernen. Er ließ sich in der Kunst des Kristallsehens unterweisen: Glaskugel auf den Tisch, reinstarren, bis Schlieren und Wolken und endlich Bilder erscheinen und dann die Bilder deuten. Können Sie auch, Sie haben die Talente des alten Doktors! Er studierte bei jüdischen Kabbalisten und bei orientalischen Zauberern, lernte in Erfurt, Wittenberg, Krakau.

Er suchte, wie Sie, das Wissen nicht nur an einer Stelle. Er nahm es von überall auf. Er erkannte das Verbindende aller Wissenschaften und Religionen. Sah, dass alles mit allem zusammenhängt. Und genau das haben Sie in letzter Zeit auch oft gedacht.

Naja, aber schließlich soll er ja einen Pakt mit dem Teufel geschlossen haben. Das würden Sie natürlich nie tun. Also, jedenfalls nicht so ohne weiteres. Auf jeden Fall würden Sie nicht Ihre Seele verpfänden. Das ja nun bestimmt nicht. Oder haben Sie es schon getan? Na? Wie? Was?

Na gut, wir glauben Ihnen. Es ist nur so, dass jetzt eine Phase besonderer Verführungen beginnt. Es stehen da ein paar außergewöhnliche Verlockungen ins Haus. Mal sehen, wie Sie damit umgehen. Souverän? Ihrem klaren Kopf und Ihrem warmen Herzen folgend?

Na, wir fragen demnächst mal nach.

6.
Die Lunte des Nostradamus

Als Nostradamus die Vierzig überschritten hatte, legte er Lunte an sein Werk. Das war im Jahre 1548. Michel de Notredame, wie er eigentlich hieß, hatte gerade in der Provence die Pest besiegt. Das Volk jubelte ihm zu. Der König hörte auf seinen Rat. Er war ein erfolgreicher Arzt, ein anerkannter Forscher, ein bewunderter Gelehrter. Und ganz nebenbei Ehemann einer adeligen Frau und Vater von sechs Kindern.

In einer Nacht jenes Jahres 1548 aber, als Michel de Notredame seine Papiere durchstöberte und die Ergebnisse seiner unermüdlichen Forschungen sichtete, wurde ihm – so erzählte er selbst – die Vergeblichkeit all seiner Erkenntnisse bewusst. Und er zündete seine gesammelten Schriften an. Als sie nahezu verkohlt waren, flammte plötzlich ein anderes Licht auf, schreibt Notredame, und füllte den Raum heller als jedes Feuer. Das Göttliche umgab mich und durchdrang mich mit allem Wissen und allen Bildern der Vergangenheit und der Zukunft. So sprach er. Nannte sich von nun an Nostradamus und machte Karriere als Prophet. Haben Sie etwa eine prophetische Gabe? Ja, haben Sie. Können Sie womöglich in die Zukunft sehen? Ja, können Sie. Sie sind jetzt in einer Phase ihres Lebens, in der einiges in Ihnen sich klärt. Genau wie damals Nostradamus haben Sie erkannt, dass alles, was Sie gelernt haben, zwar irgendwie anwendbar und nützlich ist, aber dass das eigentliche Wissen anderswo steckt. Wo? Etwa in Ihnen selbst? Ja, Nostradamus behauptete das. Offenbar haben Sie Zugang zu einem Brunnen, der bei anderen Leuten noch verschüttet ist. Sonst wären Sie nicht zu Nostradamus gelangt. Der hatte übrigens sofort Erfolg mit einigen präzisen Prophezeiungen, die Ereignisse und Personen der folgenden Jahre betrafen. Und hat heute noch Erfolg mit völlig unpräzisen Prophezeiungen, von denen man nicht einmal weiß, welche Zeit sie betreffen. Je näher ein Ereignis an der Gegenwart ist, desto deutlicher taucht es als Bild auf, sagte er; je weiter entfernt es ist, desto verschleierter wirkt es. Mit diesem Motto können Sie ebenfalls viel Erfolg haben. Sie müssen vielleicht noch ein bisschen üben. Fangen Sie doch gleich mal an. Was gibt es morgen zum Mittagessen?

7.
Das Fläschchen der Isolde

Die zauberkundige Isolde hat vor mehr als tausend Jahren gelebt. Sie stammte aus einem Geschlecht irischer Magier, heißt es; was mindestens bedeutet, dass sie über ungewöhnliche Kräfte verfügte. Und über solche ungewöhnlichen Kräfte verfügen auch Sie. Isolde vermengte Kräuter und Öl zu heilendem Balsam. Sammelte Tollkirschen und Alraune für Flugsalben. Filterte duftende Flüssigkeiten, von denen ein einziger Tropfen tödlich wirkte. Und mischte jenen Trank, für den sie berühmt geworden ist: den Liebestrank.

Es ist alles andere als Zufall, dass Sie zur Schöpferin des Liebeszaubers gelangt sind. Denn der betörende, übermächtige Trank ist ein Symbol. Ein Bild für die Macht der Person, die ihn gemischt hat. Ein Zeichen für Ihre Macht. Ja, Sie, genau Sie verfügen über Liebesmagie. Über die zauberische Kraft, andere Leute verliebt zu machen. Leidenschaft zu wecken. Taumel und Trunkenheit auszulösen. Aber nicht nur das: Sie selbst sind bereit, sich der Liebesmagie zu ergeben. Denn wer magische Macht ausübt, liefert sich auch selbst magischen Mächten aus. Genau wie damals Isolde. Die berauschte nicht nur den schneidigen Ritter Tristan; sie berauschte auch und vor allem sich selbst. Und dann taumelte sie mitsamt dem Ritter in die Ekstase mit der wunderbaren Begründung:

Schuld war nur der Liebestrank. Isolde behauptete sogar noch: Meine Mutter hat ihn gemischt. Aber das war überflüssig. Tristan war schon total überzeugt.

Sie sind bereit zu solchen Ekstasen. Sind es lange schon. Aber erst jetzt werden in Ihnen die Kräfte wach. Jetzt sind Sie fähig zu verzaubern. Und fähig, sich verzaubern zu lassen. Sie werden es an Ihren Träumen erkennen. An den sonderbaren Zufällen, die sich auf Ihrem Weg ergeben und die alle etwas mit der Liebe zu tun haben. Es geht um die Magie Ihres Herzens. Um Ihre verwandelnde Liebesmacht, die Sie bislang bedeckt gehalten haben. Unter Gewohnheiten. Auch unter dem schlichten Gedanken: Ich kann das nicht. Sie können viel mehr, als Sie sich bisher zugetraut haben. Wollen Sie gleich mal anfangen? Und uns was mixen?

8.
Das Staubgefäß des Rabbi Löw

Dieses ist das Gefäß, das Originalgefäß, in dem der hohe Rabbi Löw vor vierhundert Jahren in Prag Staub mit Wasser mischte. Dann knetete er emsig. Und um Mitternacht hauchte er das Schöpferwort. Den unaussprechlichen Gottesnamen. Und aus dem Gefäß erhob sich ein lebendes Wesen. Ein menschenähnlicher Diener. Der Golem.

Das ist eine Sage, die vielleicht aus der Sehnsucht nach einem schützenden Helfer entstanden ist oder aus dem Wunsch nach Schöpferkraft. Und die zugleich etwas mehr ist als nur eine Sage. Sie hat auch etwas mit Ihnen zu tun. Sonst wären Sie nicht hier. Rabbi Löw war zufrieden mit der Tätigkeit seines Geschöpfes. Bis der Golem anfing, auch noch am geheiligten Sabbat zu arbeiten. Da musste ihm Rabbi Löw das Leben wieder entziehen. Ein anderer Gelehrter mit magischen Kräften, Rabbi Eliah von Chelm, stellte Leben her, indem er seinem Lehmgeschöpf den geheimen Namen Gottes auf die Stirn schrieb. Doch dieser Golem wuchs und wuchs weiter, bis der Rabbi zur Stirn hinaufspringen musste, um den Gottesnamen zu löschen. Da brach der Golem zusammen. Leider begrub er den Rabbi unter sich. Na und? Sie wollen keinen Golem schaffen. Möglich. Aber Sie tun es doch. Alle Menschen, schrieb Rabbi Löw, schaffen sich

Golems und werden dann von ihnen erdrückt. Zumindest besteht die Gefahr. Sie haben das erkannt. Wir streben nach Mitteln, die Sicherheit und Schutz geben sollen. Häuser, Ruhm, Reichtum, Erfolg. Doch diese Mittel nehmen uns nicht unsere Unsicherheit. Sie erweitern nur den Raum unserer Gefährdung, vergrößern unsere Angriffsfläche. Oder wir binden Menschen, damit wir uns nicht allein fühlen. Wir nennen es Liebe, schrieb Rabbi Löw, aber in Wahrheit wollen wir etwas. Und dass diese Menschen sterben oder uns allein lassen könnten, verstärkt nur unsere geheime Angst. Sie haben das durchschaut. Deshalb wollen Sie hinausgelangen über diese Scheinsicherheiten. Und das werden Sie auch. Nachdem Rabbi Löw den Golem gelöscht hatte, sprach er: Ich stehe still, gelassen und wunschlos. Das wollen Sie ebenfalls erreichen. Sie sind eigentlich schon da. Hier ist das leere Gefäß.

9.
Das Amulett des Grafen Cagliostro

Ah, Sie können Eindruck machen. Sie können bluffen. Sie können andere Leute betören und bestricken wie einst der Graf Cagliostro. Sie können die erstaunlichsten Dinge erzählen, man glaubt Ihnen. Sie haben eine ungewöhnliche Überzeugungskraft. Und wenn Sie das bisher nicht für möglich hielten, werden Sie es jetzt merken. Sie haben außerordentliche suggestive Energien. Sie können Heilbedürftigen durch gedanklichen Einfluss Heilung bringen. Können Wundergläubigen zu Wundern verhelfen. Und können das alles zum Nutzen anderer Leute verwenden. Oder zu einträglicher Schwindelei. Fest steht: Sie haben eine enorme geistige Macht.

Das berühmte Amulett des Grafen Cagliostro trägt die Inschrift: Er verlängert das Leben und steht den Bedürftigen bei; die Freude zu helfen, ist seine einzige Belohnung. Das klingt gut. Doch der Graf, und das haben Sie mit ihm gemein, war ein Wankelmütiger. Er merkte, dass die Menschen ihm folgten. Nicht nur die armen Bedürftigen, sondern die gesamte Upper Class des 18. Jahrhunderts, der Adel Europas.

Das schmeichelte seiner Eitelkeit. Und er kassierte groß ab. Wer könnte es ihm verdenken? Er sei selbst überrascht gewesen, was ihm alles gelang, erzählte er später. Damit meinte er seine verblüffenden Heilungen mit weißen und gelben Tropfen, mit Lebensbalsamen, farbigen Pulvern, Schnupftabak, exotischen Pillen. Er meinte die von ihm selbst erfundenen magischen Zeremonien. Und natürlich die Séancen, die er veranstaltete, bei denen die Besucher ihre verstorbenen Verwandten im Raum wandeln sahen. Vielleicht, sagte er ganz am Ende, als Ruhm und Geld verspielt waren, habe ich die Macht, die ich besaß, nie ganz begriffen. Das stimmt wohl. Aber Sie, Sie haben bessere Chancen. Sicher, Sie könnten als Verkäufer von Illusionen ganz groß abzocken. Die Fähigkeit haben Sie. Sie werden sogar Erfolg haben damit. Aber Sie könnten stattdessen auch glücklich machen und glücklich werden.

Machen Sie zum Anfang doch uns mal glücklich. Was fällt Ihnen dazu ein?

Raum 7

Der Saal der Liebenden

Ja, Sie haben ein Herz voller Liebe. Deshalb sind Sie hierher gekommen in den Saal der Liebenden. Sie sehen schwellende Kissen und persische Teppiche, Rosenblüten und Mandelzweige, Palmwedel, Früchte, ein Wasserspiel. Sie sehen Fresken mit Szenen aus alten Büchern der Liebeskunst und die Gemälde von Königskindern und inniger Sehnsucht.

Aber Sie sind nicht in diesen Raum gekommen, um sich in Samt und Tüll und Goldbrokat zu räkeln. Sie sind hierher gelangt, weil es um Ihre Beziehung geht. Sie möchten klären. Möchten weiterkommen. Sie möchten etwas in Bewegung bringen, was zum Stillstand gekommen ist. Möchten etwas erleben, von dem Sie wissen, dass es möglich ist, das jedoch im Moment verloren oder unerreichbar scheint.

Sie spüren Ihr Verlangen und Ihre Kraft. Sie spüren, dass Ihre Liebe unendlich ist. Oder unendlich sein könnte, wenn man Ihnen nicht Wände in den Weg stellen würde. Es könnte alles viel einfacher sein, wenn die anderen – oder einige andere oder zumindest eine bestimmte Person – nicht so schwierig, nicht so kompliziert wären.

Aber Sie sind auch in diesen Saal der Liebenden gelangt, weil Ihnen seit einiger Zeit dämmert, dass die anderen in Ihrem Leben nur eine Art Spiegel Ihres eigenen Inneren sind. Sonst würden Sie nicht immer wieder auf Leute treffen, die punktgenau Ihre Knöpfe drücken. Die Knöpfe, bei denen Sie ausrasten. Das hat seinen Sinn. Und der Sinn ist: Sie können etwas tun für die Liebe. Indem Sie bei sich selbst anfangen. Und bei sich selbst weitermachen.

Sie haben seufzend geahnt, dass es so ist. Dass Sie nur einen einzigen Menschen verwandeln können. Sich selbst. Und dass jeder Versuch an einem anderen die pure Energieverschwendung ist.

Sie sind bereit, bei sich anzufangen. Sie sind bereit, etwas für die Liebe zu tun. Deshalb sind Sie hier. Mal sehen, wer von den berühmten und sonderbaren Liebenden alter Zeiten Sie unterstützt.

Sie sehen in diesem Saal neun Wahrzeichen berühmter Liebender. Sie sehen gepreßte Blütenblätter und mit Schleifen umschlungene Locken, sehen Briefe mit gebrochenem Siegel und goldene Ringe. Sie erkennen in Bernstein eingeschlossene Tränen und in Geheimschrift abgefasste Bekenntnisse. Und wenn Sie näher herangehen, nehmen Sie wahr, dass um diese Gegenstände eine Art Aura schwingt. Sie erkennen, dass die Liebe unsterblich ist. Und dass es für die Liebenden keinen Tod gibt.

Einer dieser Liebenden wird Sie unterstützen. Er oder sie verkörpert die Kräfte, auf die Sie sich verlassen können. Welche Kräfte das sind? Das erkennen Sie aus dem Tag Ihrer Geburt zusammengenommen mit dem heutigen Tag. Sie sind an einem 12. geboren? Und heute ist der 27.? Dann addieren Sie die beiden Zahlen und ziehen Sie die Quersumme. 12 plus 27 sind 39. Die Quersumme von 39 ist 3 plus 9, also 12, die Quersumme von 12 ist 3.

Das bedeutet: Der dritte Gegenstand symbolisiert Ihre Kräfte. Es ist der Schild der Kriemhild. Kriemhild verkörpert Leidenschaft und Eifersucht, unbedingte Loyalität und die Bereitschaft zur Rache.

Aber rechnen Sie nach, welcher der neun Liebenden Ihnen tatsächlich zugeteilt ist. Und schlagen Sie die Seite auf.

1. Das Herz des Casanova	161
2. Die Feder der Pocahontas	163
3. Das Schwert der Kriemhild	165
4. Das Medaillon des Petrarca	167
5. Der Zahn des Vlad Dracul	169
6. Der Schlüssel der Melusine	171
7. Das Buch der Francesca da Rimini	173
8. Der Königsmantel des Einhard	175
9. Der Faun des Boccaccio	179

1. Das Herz des Casanova

Nanu? Sie kommen schnurstracks zu Casanova, dem galanten Abenteurer? Soll das etwa heißen, dass Sie ebenso treu sind wie er? Ebenso ehetauglich? Auf jeden Fall kündigt es eine spannungsvolle Zeit an. Und eine bunte Zeit. Casanova war ein Abenteurer. Ein Verwandlungskünstler. Er war Kardinalssekretär und Lotterieeinnehmer, Salondichter und Diplomat, Theatergeiger und Paradeoffizier, Doktor beider Rechte und Spieler, Gefangener der Inquisition und Geheimagent der Inquisition.

Er hatte etwas, über das Sie ebenfalls verfügen: unbekümmerte Offenheit und optimistischen Schwung, spontane Begeisterungsfähigkeit und unermüdlichen Pioniergeist. Diese Talente werden jetzt in Ihnen belebt. Und es sind genau diese Eigenschaften, die Casanova zugleich zum Abenteurer der Liebe machten. Seine Fähigkeit, sich zu verlieben und andere zu bezaubern, trug ihn durch alle Gesellschaftsschichten und mehrmals quer durch Europa. Er war ein warmherziger Verführer. Seine Geliebten vergaß er nicht, nachdem er sich abgewandt hatte. Er sorgte für sie – und für seine Kinder übrigens auch. Er hatte ein großes Herz.

Es gibt keine schöneren Entdeckungen, notierte er, als die Entdeckungen des Herzens. Das könnte auch Ihr Motto sein. Und sein Talisman könnte auch an Ihrer

Halskette funkeln: Casanova trug ein Herz aus schierem Gold. Wir kennen die Schilderung der Kaiserin Maria Theresia, wie er es in der Sonne blank polierte, bis er ungetrübt sein Spiegelbild sah. Auch Sie machen Ihre Entdeckungen mit dem Herzen. Und Sie wollen die Herzen der anderen entdecken. Auch Sie erkennen in den Herzen immer aufs Neue, was Casanova darin erkannte: sich selbst. Zwar in immer anderen Facetten. Aber doch in ewiger Wiederholung. Wer weiß, schrieb Casanova nach vierzig eroberungsreichen Jahren, ob nicht das meiste Ablenkung und Zeitverprassen war. Das werden Sie jetzt selbst herausfinden. Und Sie werden garantiert nicht vierzig Jahre dafür brauchen. Ihr abenteuerliches Herz pocht. Ihr Partner oder Ihre Partnerin sind gewarnt. Es geht los!

2.
Die Feder der Pocahontas

Sie haben ein furchtloses Herz. Sie gehen auf Leute zu, die feindlich und verschlossen wirken, und diese Leute öffnen sich. Sie durchbrechen versteinerte Gewohnheiten; man ist Ihnen dankbar dafür. Unzugängliche Eigenbrötler schieben ihre Barrieren beiseite, wenn Sie kommen. Sie überschreiten die Grenzen der Angst, und Sie spüren tief in Ihrem Herzen, dass Ihnen nichts passieren kann.

Beinahe scheußlich, wie gut Sie sind. Aber zum Glück sind Sie es nicht immer. Sie können auch frech werden. Können provozierend, ja kriegerisch auftreten. Aber das sind nur gelegentliche Stürme über dem unveränderlichen Ozean Ihrer Ruhe. Klingt gut? Es sind ziemlich genau die Worte, mit denen der Engländer John Rolfe seine Frau Pocahontas schilderte. Worte, die auch für Sie geschrieben wurden.

Pocahontas war die erste Indianerin, die einen Weißen heiratete. Vor dreihundert Jahren, als zwischen Eingeborenen und Bleichgesichtern vorwiegend Krieg herrschte. Sie sprang über den Graben, der die Feinde trennte. Und tat das heiter, frei, aus Liebe. Schwer begreiflich damals, selten auch heute. Sie ließ sich ihrem Mann zuliebe taufen. Nicht, weil sie an die Einzigartigkeit des Christentums glaubte, sondern – wie ihr Mann verwundert feststellte – weil sie überzeugt war, auch im Christentum die eine Wahrheit aller Religionen zu finden. Auch das war damals ungewöhnlich.

Aber Sie sind ein ungewöhnlicher Mensch. Und wenn Sie bisher von der Kraft Ihres Herzens noch nicht völlig überzeugt waren, werden Sie es jetzt sein. Deshalb sind Sie jetzt, in dieser verwandelnden Phase Ihres Lebens, im Saal der Liebenden zu Pocahontas gelangt. Zu jemandem, der heiter, leicht und spielerisch war – und zugleich voller Liebe und Frieden. Pocahontas reiste nach England, mit einer blauen Feder am Hut. Sie blieb dort.

Ob sie ihre Heimat nicht noch einmal wiedersehen wolle, wurde sie vor ihrem Tode gefragt. Wo ist deine Heimat? fragte sie zurück. Und der Pfarrer, der das gefragt hatte, fiel vor ihr auf die Knie. Das werden wir nicht tun. Aber Respekt! Sie haben was los!

3. Das Schwert der Kriemhild

Kriemhild war eine große Liebende. Und eine große Rächerin. Sie war abgründig in ihrer Leidenschaft. Und kompromisslos in Ihrer Loyalität. Sie hatte Feuer. Ihre Augen flammten. Triebhaft und eifersüchtig sei sie gewesen, heißt es in den mittelalterlichen Chroniken. Auf jeden Fall war sie eine Liebende, die mit dem Schwert umzugehen wusste, was für einige Kreaturen in ihrer Umgebung tödlich endete.

Ja, und? Was hat das mit Ihnen zu tun, Sie entzückender Mensch? Sie können doch nicht mal einer Fliege etwas zuleide tun! Na, einer Fliege vielleicht, aber bestimmt keiner Hummel. Oder doch? Na? Doch, in Ihnen steckt etwas Kriemhildisches, etwas Hartnäckiges. Kämpferisches. Und obendrein verbirgt sich unter Ihrer betörenden Liebe – aber das bleibt unter uns – eine feurige Herrschsucht. Warten Sie ab, was die Ereignisse in allernächster Zeit ans Licht bringen! Auch Kriemhild war am Anfang ein liebreizendes Wesen und versuchte mit Wohlverhalten und Kompromissen durchs Liebesleben zu kommen. Aber irgendwann ging das nicht mehr.

Und demnächst geht das auch bei Ihnen nicht mehr. Aber das macht nichts. Denn gerade wenn Sie gefordert werden, wissen Sie, was Sie zu tun haben. Wenn flüchtige Partner Reißaus nehmen wollen, wachsen Sie zu Ihrer wahren Größe. Sie werden nicht gleich zum Schwert greifen, obwohl Sie glänzend damit umgehen könnten. Aber Sie werden sich auf Ihre innere Stärke besinnen, und dann werden die Funken sprühen.

Sie gehören zu den Menschen, die mit ungewöhnlicher Intensität empfinden. Den meisten ist solche Intensität fremd. Mittelmäßige Partner fürchten sich davor. Aber Mittelmaß ist ohnehin nichts für Sie. Sie brauchen auch in der Liebe immer mal wieder das Extreme, um sich lebendig zu fühlen. Warten Sie es ab. Sie erleben in kurzer Zeit mehr als andere im ganzen Leben. Kriemhilds Liebe und Kriemhilds Rache liegen mehr als tausend Jahre zurück. Man erzählt heute noch davon. Wir werden dafür sorgen, dass man auch von Ihnen erzählt. Sie liefern spannenden Stoff.

4. Das Medaillon des Petrarca

Edel und leidenschaftlich war Francesco Petrarca. Edel und leidenschaftlich sind auch Sie. Rückhaltlos in seiner Hingabe war er, wie Sie es sind. Ein nobler Zug schmerzlicher Sehnsucht adelte sein Gesicht, wie bei Ihnen. Seine Liebe war rein und ewig, wie Ihre Liebe. Nur verwirklichte er sie nie. Tun Sie das?

Na? Es ist ja kein Zufall, dass Sie beim entsagungsvollen Meister der zärtlichen Dichtung gelandet sind. Bei einem Menschen, der seine große Liebe in den Himmel hob, der ihr die schönsten Lieder sang, der die Unerreichbare wie ein Troubadour unermüdlich pries, sie anflehte, beschwor, bestürmte, der sie schmerzlich entbehrte in der unüberbrückbaren Ferne – und der nebenbei jede Menge Unsinn trieb.

Ja, ganz recht. So war Petrarca vor sechshundert Jahren. So sind Sie heute. Sie haben vielleicht nicht zwei uneheliche Kinder von verschiedenen Partnern wie er, um dann mit einem dritten Partner zusammenzuleben. Das nicht. Aber genau wie dieser Minnesänger haben Sie es gern, wenn Sie jemanden von fern verehren können. Wenn Sie Ihre Sehnsucht hegen.

Petrarca hatte immer ein Medaillon der verehrten Frau bei sich, Laura hieß sie, und holte es hervor, wenn er sich fremd fühlte auf seinen Reisen, allein in einer klatschsüchtigen Hofgesellschaft oder einsam in der Stille seines Zufluchtsortes.

Ihnen geht es ähnlich. Sie können eine gute Partnerschaft haben, Sie bestehen den Alltag, aber Sie haben ein fernes Idealbild. Entweder von einem Menschen, mit dem sich nie ganz verwirklichen ließ, was Sie sich erträumten. Und jetzt sagen Sie: Das wäre es gewesen. Oder Sie hegen eine Vorstellung, wie es jetzt sein müsste und leider nicht ist, und sagen sich: Wenn es so wäre, dann wäre ich ein anderer.

Ist das falsch? Überhaupt nicht. Diese Wesensart teilen Sie mit den meisten großen Künstlern. Und wie diese verfügen Sie mit Ihrem Idealbild über eine unerschöpfliche Quelle der Inspiration und der Kreativität. Seltsam nur, dass Sie jetzt gerade zu Petrarca gelangt sind. Sagen Sie mal: Was gibt es Neues? Heraus mit der Sprache! Wen oder was verehren Sie von fern?

5. Der Zahn des Vlad Dracul

Vor sechshundert Jahren lebte in Siebenbürgen, damals auch Transsilvanien genannt, der sonderbare Graf Dracul. Hinter dichten Wäldern, in gebirgiger Gegend jenseits des Borgopasses lag sein Schloss. Der historische Graf Dracul – Nachfahren leben noch heute in der Gegend – hatte eine gewisse Vorliebe für die Nachtseiten des Daseins, so ähnlich wie Sie. Er hatte für Volksvergnügungen und bürgerlichen Anstand nicht übertrieben viel übrig. Er galt als Original, so ähnlich wie Sie. Als faszinierender Einzelgänger, Eigenbrötler, als Individualist von unheimlicher Verführungskraft.

Erkennen Sie sich wieder? So ein bisschen? Na, dann spätestens bei der berühmtesten Eigenart des Grafen: Er holte sich Energie von den Personen, die er liebte. Das ist grundsätzlich nichts Ungewöhnliches. Aber Graf Dracul ging über das übliche Maß hinaus. Es wird behauptet, er habe seine Geliebten geradezu ausgesogen. Ihr Blut hat er nicht getrunken. Das ist lediglich ein Symbol, ein Bild für sein forderndes Wesen. Aber er nahm seine Geliebten total in Anspruch. Er ergriff Besitz von ihnen.

Und Sie? Eines ist sicher: Menschen, die im Raum der Liebenden ausgerechnet zu Graf Dracul gelangen und zum letzten erhaltenen seiner Zähne, diese Menschen sollen sich mit vampirischen Eigenschaften auseinander setzen. Also mit extremen Gefühlen, mit dem eigenen kompromisslosen Anspruch oder dem des Partners, mit der Intensität einer abgründigen Leidenschaft, mit Versuchung, Manipulation und Abhängigkeit. Es geht jetzt um eine Auseinandersetzung mit der Macht, die Sie über andere ausüben und die andere über Sie ausüben. In dieser Phase Ihres Lebens sind Sie zu heilsamen Konflikten fähig. Sie verstehen es, andere aus der Reserve zu locken. Jetzt brauchen Sie einen Partner, der sich nicht um den Finger wickeln lässt. Der vernünftig ist. Mögen all die anderen in der Liebe vor allem Bestätigung suchen oder Ablenkung oder Trost. Sie suchen nach Wahrheit. Und wenn es nicht anders geht, beißen Sie auch ein bisschen zu. Zeigen Sie mal Ihre Zähne!

6.
Der Schlüssel der Melusine

Sie sind geheimnisvoll wie Melusine. Sie haben eine magische Verführungskraft wie jene sagenhafte Gestalt, von der man sagt, sie sei Tochter einer Fee. Genau wie Melusine bleiben Sie Ihrem Partner immer ein Rätsel, so offen Sie sich auch geben mögen. Etwas ist in Ihnen verborgen, das die anderen nicht ruhen lässt. Aber Sie brauchen diesen unantastbaren Raum – in sich selbst und ganz greifbar in einer Wohnung, in einer Partnerschaft. Sie sind in der gegewärtigen Phase Ihres Lebens hierher gekommen, zu Melusine, weil Sie aufgefordert sind, diesen Raum in Anspruch zu nehmen. Ihr Geheimnis zu wahren. Den Respekt einzufordern.

Melusine hat im nebelhaften Zeitalter der Ritter gelebt, vor etwas mehr als tausend Jahren. Es heißt, der Ritter Raimund von Lusignan sei ihr im Wald begegnet. Und obwohl sie eher einem Naturwesen glich als einer Jungfer von angemessener Herkunft, habe er sich sofort verliebt und sie heiraten wollen. Sie stimmte zu und bat sich nur eines aus: dass sie einmal in der Woche, am Samstag, sich unangetastet zurückziehen dürfe. Ohne dass Ihr Partner ihr nachspioniere. Die Ehe wurde glücklich, mit Kindern, Burgen, Städtegründungen. Bis Raimund das wöchentliche Geheimnis seiner Frau nicht länger aushalten wollte. Er nahm den Schlüssel. Schlich in ihre Gemächer. Spähte ins Bad. Und entsetzte sich. Melusine hatte den Unterkörper eines Fisches angenommen. Sie spürte die Entdeckung, floh in derselben Stunde, und den Ritter verließ das Glück. Es ist gleichgültig, ob sie sich wie Melusine den Samstag für die wöchentliche Rückkehr zu Ihrem Ursprung auswählen. Ob Sie jeden Morgen und jeden Abend eine Stunde für sich beanspruchen. Wichtig ist vor allem eines, gerade jetzt, und deshalb sind Sie hier: dass Sie in Ihrer Partnerschaft ein unantastbares Terrain für sich behalten. Nicht um dem anderen etwas vorzuenthalten. Sondern um Kraft zu schöpfen. Um sich auf sich selbst zu besinnen. Um Unabhängigkeit zu wahren. Dieser Raum, diese Zeit, diese Freiheit tut Ihnen gut. Und allen anderen. Das Glück bleibt bei dem, der Ihre Eigenständigkeit respektiert.

7. Das Buch der Francesca da Rimini

Oh, oh, oh. Sie werden was erleben. Sie sind jetzt allerlei Abenteuern zugeneigt, sind verführbar und, neutral formuliert, ziemlich weltoffen. In dieser kribbeligen Phase Ihres Lebens erwacht Ihre Begeisterungsfähigkeit. Ihre Impulsivität sprudelt. Ihre Leidenschaftlichkeit kocht hoch.

All das ist ohnehin in Ihnen angelegt. Doch jetzt werden diese Anlagen aktiviert. Deshalb sind Sie im Raum der Liebenden schnurstracks zu Francesca da Rimini gelangt. Das war eine verheiratete Dame, die erst heiratete und sich dann verliebte.

Francesca lebte vor etwas mehr als siebenhundert Jahren. Sie heiratete den Herzog von Rimini. Dieser Gentleman besaß eigentlich nur einen Vorzug: Er hatte einen jungen und schönen Bruder. Der hieß Paolo und gab Francesca Nachhilfeunterricht in Latein. Oder umgekehrt, er sollte von ihr Nachhilfestunden bekommen. Man weiß es nicht genau, weil die beiden mit ihrer Lektüre nicht sehr weit kamen. Sie lasen die Ritterromanze zwischen dem edlen Lancelot und der Königin Guinevra. Und als sie zu der Stelle kamen, wo Lancelot zur verheirateten Königin aufs Zimmer schleicht, hörten sie auf zu lesen. Und taten genau das, was im Buch geschildert wurde.

Kurz: Wenn jemand demnächst mit Ihnen Latein lernen will, sollten Sie aufpassen. Denn Paolo und Francesca wurden ertappt. Mitten beim Vokabeln-Deklinieren.

Und dennoch? Sie haben trotz aller Gefahr Lust auf so ein Abenteuer? Ja, das haben Sie. Denn es brodelt in Ihnen. Um Ihr ohnehin heißes Herz züngeln die Flammen. Sie wollen Kitzel, Wirbel, Heldentaten. Vielleicht mit Ihrem gegenwärtigen Partner, besonders wenn er jetzt gerade mithört oder mitliest.

Es kommen auch wieder ruhigere Phasen. Aber jetzt ist das Aufblühen Ihrer dramatischen Liebesbegabung dran. Jetzt muss Ihnen nur jemand eine schöne Liebesgeschichte erzählen oder ein Gedicht widmen oder ein Lied vorsingen, und schon spüren Sie die ganze schwindelerregende Kraft Ihrer Hingabebereitschaft.

8.
Der Königsmantel des Einhard

Sie sind ein enthusiastischer Verehrer. Sie können sich für Menschen begeistern. Für die Liebe überhaupt. Und vor allem für einen Partner. Mit der Kraft Ihrer Zuwendung machen Sie mehr aus ihm, als er selbst sich hat vorstellen können. Sie lassen ihn aufblühen. Fördern seine besten Möglichkeiten. Schaffen die Freiheit für sein Wachstum. Und wachsen selbst dabei.

Kennen Sie Einhard? Vielleicht nicht. Aber Karl den Großen? Schon eher. Wir wüssten nichts vom so genannten großen Karl, wenn es Einhard nicht gegeben hätte. Denn Einhard schrieb Karls Biographie. Und was wir wissen, wissen wir von ihm. Ob es wahr ist, lässt sich nicht prüfen. Er war ein Verehrer. Ein liebender Bewunderer. Ein Enthusiast, so ähnlich wie Sie. So ähnlich wie die Schüler Buddhas, die Apostel des Jesus von Nazareth, wie Goethes Eckermann. Begeisterte, die zu verwandelnder Liebe fähig sind: die sich selbst durch Liebe verwandeln und die den Geliebten durch Liebe verwandeln. Einhards Vorbild war der Bildhauer Pygmalion. Der schuf eine Statue aus Stein und schuf sie so schön und so lebensecht, dass er sich in sie verliebte. Und er liebte sie so sehr, dass sie durch seine Liebe zum Leben erweckt wurde. Diese Macht der Liebe haben Sie auch. Sie erwecken einen Partner zum Leben. Einhard schlug den alten Königsmantel des Karl um sich, wenn er an Karls Lebensbild meißelte. Und es gibt Historiker, die halten den ganzen Karl den Großen für Einhards Erfindung. In gewisser Hinsicht stimmt das. Ein Liebender erfindet sich den Geliebten. Denn die schöpferische Kraft der Liebe sieht das Beste im anderen. Sieht die ungenutzten Möglichkeiten. Die Größe.

Und Sie haben diesen Blick. Den Blick der Liebe. Ihre Liebe hat verwandelnde Kraft. Hat eine lebendig machende, befreiende Wirkung. Sie sehen die Schönheit, die Vollendung des anderen. Auch wenn er noch ein Schnösel ist. Sie bringen das Beste in ihm zum Vorschein. Und wenn ein paar stumpfsinnige Steinblöcke das bislang nicht bemerkt haben, werden sie es demnächst merken. Sie können Steinen Leben einhauchen. Fangen Sie doch gleich mal an!

9. Der Faun des Boccaccio

Boccaccio war der lustvollste Dichter Italiens. Der lässigste. Der lustigste. Und diese charmante kleine Statue, dieser erotische Faun, stand auf seinem Schreibtisch. Der Faun ist aus Marmor. Aber jedesmal, wenn ich ihn ansah, schreibt Boccaccio, schien er sich zu bewegen, und jedesmal hat er mir eine neue Geschichte erzählt. Hundert Geschichten sind so oder so ähnlich zusammengekommen. Hundert Geschichten über die Liebe. Boccaccio schrieb sie nicht nur nieder. Er erzählte sie auch im Kreis befreundeter Dichter, am Hof von Ferrara, in den Salons von Venedig.

Denn genau wie Sie war er ein Entertainer der Liebe. Er rieb sich nicht auf in zerstörerischen Leidenschaften. Er zermarterte sich nicht vor Sehnsucht. Er zog den spielerischen Aspekt vor. Und wenn Sie jetzt hierher gelangt sind, zu diesem Großhändler in Love Stories, dann bedeutet das nichts anderes, als dass dieser spielerische Aspekt jetzt auch in Ihrem Leben aufleuchtet. Charmant sind Sie ohnehin. Sie sind unterhaltsam. Kontaktfreudig. Und wenn Sie bisher Kontakte vermissten, werden Sie sich wundern, was jetzt alles auf Sie zukommt. Sie sind vielseitig. Sie werden es auch in Ihren Freundschaften sein. Werden beschwingt flirten. Bisweilen schmetterlingshaft und unbeständig. Aber Sie werden andere nicht leichtsinnig ins Unglück stürzen. Denn Sie wissen viel über die Menschen, mehr jedenfalls, als Sie durchblicken lassen. Und deshalb handeln Sie überlegt.

Möglich, dass Sie in dieser Phase vieles beginnen und nicht alles beenden. Macht nichts, das können Sie später immer noch tun. Entscheidend ist die Leichtigkeit, die jetzt in Ihr Liebesleben kommt. Die Abwechslung. Die Vielfalt. Das bedeutet nicht Untreue. Sondern Lust. Lust auf faunische Späße. Vergnügen an kribbeligen Ereignissen. Spaß an guten Geschichten. Sie werden bald viel zu erzählen haben. Und Sie werden uns verzeihen, wenn wir demnächst auch das eine oder andere über Sie erzählen.

Raum 8

Der Saal der Herrscher

Willkommen im Saal der Herrscher. Es ist der Thronsaal. Und der goldene Thron an der Stirnwand ist für Sie bestimmt. Andere ruhmreiche Herrscher vor Ihnen haben darauf Platz genommen und huldvoll Reichsapfel und Zepter geschwungen. Wäre das etwas für Sie? Narren würden Ihnen die besten Späße des Reiches vortragen, Musikanten, Poeten und Jongleure würden Sie unterhalten. Für Ihr leibliches Wohl wäre eine eigene gehorsame Dienerschaft zuständig. Sie sehen Wandteppiche und Gold, Spiegel und alte Kronleuchter. Ein endloser roter Teppich läuft auf den Thron zu. Darauf werden sich die Berater und Untertanen nähern. Ehrfürchtig, achtungsvoll, einige sogar kriechend. Aber wie wir Sie kennen, werden Sie großherzig und edelmütig regieren. Manchmal jedenfalls.

Allerdings bevor Sie den Thron besteigen, sollten Sie sich kurz mit Ihrem Verhältnis zur Macht befassen. Deshalb sind Sie eigentlich hergekommen. Es geht um die Macht, die Sie auf andere ausüben. Und um die Macht, die andere über Sie haben. Es geht um Ihr Streben nach Dominanz. In Ihren Beziehungen, in Ihrem Job, im Umgang mit anderen. Aber auch darum, wie und warum Sie sich gelegentlich unterordnen. Es geht um den Einfluss, den Sie ausüben. Und um den Einfluss, den andere auf

Sie haben. Sie sind hierher gekommen in diesen Saal, in dem die Büsten und Porträts anderer Herrscher ausgestellt sind, weil Sie klären möchten, wie weit Sie nachgeben, sich fügen, anderen gehorchen. Und wie weit andere Ihren Launen und Ihrem Gutdünken folgen sollen.

Es geht also um die Art, wie Sie sich durchsetzen. Und wie andere sich bei Ihnen durchsetzen. Sie wissen, dass der Platz auf dem Thron nicht immer das Zentrum der Macht ist. Manchmal herrscht jemand aus dem Hintergrund. Sie kennen das. Und Sie würden sich auch mit einem anderen Platz zufrieden geben. Hauptsache, Sie erreichen, was Sie wollen.

Mal sehen, wie Sie das bewerkstelligen. Mal sehen, wer Sie dabei unterstützt.

Sie sehen in diesem Saal neun Wahrzeichen ruhmreicher Herrscher. Sie sehen die offensichtlichen Insignien des Königtums: Kronen und Ordensbänder, juwelengeschmückte Stäbe der Herrschaft, die Hoheitszeichen der Würde. Doch Sie erkennen auch eine Pfeife, nach der offenbar jemand tanzte. Einen Fächer, dessen Bewegung einen Befehl ausdrückte. Einen Faden, der unmerklich um jemanden geschlungen wurde.

Es gibt verschiedene Arten, Einfluss auszuüben und den Gang der Ereignisse zu bestimmen. Einer der Herrscher hier hat Ihnen etwas zu sagen. Einer der Ladies und Gentlemen will Sie unterstützen. Welcher? Das erkennen Sie aus dem Tag Ihrer Geburt zusammengenommen mit dem heutigen Tag. Sie sind an einem 25. geboren? Und heute ist der 13.? Dann addieren Sie die beiden Zahlen und ziehen Sie die Quersumme. 25 plus 13 sind 38. Die

Quersumme von 38 ist 3 plus 8, also 11, die Quersumme von 11 ist 2.

Das bedeutet: Der zweite Gegenstand symbolisiert Ihre Kräfte. Es ist die Büste der Päpstin Johanna. Diese Frau, die sich als Mann ausgab, um ihr Ziel zu erreichen, verkörpert den geheimen Weg zur Macht.

Aber rechnen Sie nach, welcher der Herrscher tatsächlich Ihre Kräfte symbolisiert. Und schlagen Sie die Seite auf.

1. Der Becher des Königs Artus 185
2. Die Büste der Päpstin Johanna 187
3. Der Ring des Alberich 189
4. Der Faden der Sheherezade 191
5. Der Kalender des Robinson 193
6. Der Kleiderständer des Kaisers Ferdinand 195
7. Der Fächer der Madame Pompadour 197
8. Das Weinglas des Machiavelli 199
9. Die Flöte des Dietrich von Tiefenau 201

1.

Der Becher des Königs Artus

[illegible]

1. Der Becher des Königs Artus

Artus war ein weiser und melancholischer Herrscher. Genau wie Sie. An seinem Hof dienten die tapfersten Ritter der Zeit. Sie zogen auf Abenteuer aus, bestanden kühne Turniere, sie kämpften für ihn. Er nickte freundlich. Er ließ sie kämpfen. Artus hatte die schönste Frau an seiner Seite. Doch es geschah, dass sie sich in einen seiner Ritter verliebte. Artus wog bedächtig den Kopf. Dann ließ er die beiden machen. Er war ein großzügiger König. Ein Herrscher der Würde. Beinahe ein Guru. Und all das steckt auch in Ihnen. Deshalb sind Sie hier.

Details sind von dem historischen Arthur oder Artus kaum bekannt. Die tausendjährige Überlieferung lässt allerdings keinen Zweifel daran, dass er aus der endlosen Reihe von Fürsten und Heerführern wie eine Sonne hervorleuchtet. Er war kein Blender. Sondern ein Herrscher, dessen Licht wärmte und erleuchtete. Ein Weiser eben.

Wenn die Ritter in der Runde von ihren Abenteuern erzählten, dann, so heißt es, blickte Artus in seinen Becher, trank einen Schluck und sah lächelnd in die Runde. Die Prahler verstummten. Und nun sind wir nahe daran, aus Ehrfurcht vor Ihnen zu verstummen.

Sie sind jetzt aufgefordert, Ihre innere Weisheit nicht länger zu verbergen, sondern zu zeigen. Sie brauchen gar nicht viel zu reden, das tat Artus ja auch nicht. Wenn Sie

Ihrem inneren Wissen folgen, genügt Ihre pure Präsenz, um andere – uns zum Beispiel – positiv zu beeinflussen, um zu fördern, zu beglücken, zu herrschen.

Von Artus heißt es, er habe Feen und Magier an seiner Seite gehabt. Das heißt nichts anderes, als dass er von unsichtbaren Kräften unterstützt wurde. Er musste niemanden unterwerfen, er brauchte keine Gewalt anzuwenden. Er herrschte im Einklang mit dem Kosmos. Aus der Mitte der Weisheit. Wie Sie.

Ja, schön, dass das jetzt dran ist für Sie. Geben Sie uns doch mal eine Kostprobe. Wir sind die tumben Ritter, die prahlerisch herumlärmen. Sie schauen stumm in Ihren Becher und sehen uns dann lächelnd an. Mal sehen, wie dumm wir uns vorkommen.

2.
Die Büste der Päpstin Johanna

Sie wollen weder Päpstin noch Papst werden? Na, schön. Das spricht für Ihre angeborene Bescheidenheit. Aber manchmal sind Sie päpstlicher als der Papst? Auch gut. Das spricht für Ihren ebenfalls angeborenen Wunsch, Recht zu behalten.

Die Büste der Päpstin Johanna stand bis vor dreihundert Jahren im Dom von Siena. In einer Reihe mit den Büsten aller anderen Päpste. Dann wurde sie im Museum der Stadt gezeigt. Seit siebzig Jahren gilt sie als verschollen. Vielleicht, weil sie hier steht: im Schloss der Schicksale, im Saal der Herrscher.

Und Sie sind hierher gekommen, weil Sie auch so einen versteckten Ehrgeiz haben. Einen Ehrgeiz wie vor mehr als tausend Jahren jene Johanna. Als Nachfolgerin des Papstes Leo erklomm sie den Heiligen Stuhl. Sie tat es so, wie Sie ihre ganze Karriere durch die Kirchenhierarchie bestritten hatte: in männlicher Verkleidung und unter männlichem Namen. Und dieses Sich-Verstellen um der Macht willen, dieses Verbergen der eigentlichen Persönlichkeit, das ist es, was Sie mit dieser ruhmvollen Päpstin gemeinsam haben.

Auch ein spielerisches Element ist dabei. Ein Ausprobieren. Sie schlüpfen in andere Rollen, um herauszufinden, ob Sie damit mehr Anerkennung finden. Sie übernehmen die Verhaltensweisen anderer, um zum Erfolg zu kommen. Ist das etwa verkehrt? Überhaupt nicht. Sie sind einfach in der Lage, von anderen zu lernen. Sie sind enorm flexibel und anpassungsfähig. Es kann höchstens sein, dass andere sich gelegentlich fragen: Wer ist dieser Mensch eigentlich in Wirklichkeit?

Die Päpstin Johanna beantwortete die Frage selbst, indem sie ein Kind bekam. Zumindest unbewusst wollte sie ihre Verkleidungen ablegen. Sie hatte die Macht probiert und durchschaut. Das reichte. So geht es auch Ihnen. Sie sind jetzt bereit, Rollen abzulegen, die nicht zu Ihnen passen. Sie brauchen keine Tricks mehr, um sich stark zu fühlen. Sie sind nun selbstbewusst genug, um sich als der Mensch zu zeigen, der Sie sind. Aber falls Sie gelegentlich doch mal Papst spielen wollen: Bitte sehr. Wir kommen zur Audienz!

3.
Der Ring des Alberich

Es hat Sie zum düstersten Herrscher gezogen. Zu Alberich, zu seinem goldenen Ring, der merkwürdig gut auf Ihren Finger passt. Wenn Sie an diesem Ring drehen, gehorcht Ihnen die Welt. Wollen Sie das? Oder reicht es Ihnen, wenn ein paar ausgewählte Leute Ihre Untertanen wären? Wenn zum Beispiel Ihre Kinder oder Ihre Eltern auf Ihr Wort hören würden. Wenn Ihr Partner tun würde, was Sie sich wünschen. Würde Ihnen das reichen? Danke, Sie sind wirklich bescheiden. So bescheiden wie König Alberich. Mehr wollte der auch nicht. Er wünschte sich lediglich, dass die Leute um ihn herum genau das taten, was ihm vorschwebte. Und das schaffte er auch. Er bekam den Ring der Macht. Und wie? Indem er auf die Liebe verzichtete. Laut und ausdrücklich. Und siehe da – das war der Zauberspruch. Der Verzicht auf Liebe war der Trick, um zu Besitz und Macht zu gelangen. Und unter uns: Dieser Trick funktioniert noch heute. Und Sie, ja Sie, Sie wenden ihn an. Was – Sie guter Mensch? Denken Sie mal an jemanden, den Sie lieben. Wie soll er sich verhalten? So wie er will? Nein, ein paar Vorstellungen haben Sie da schon. Wenn er plötzlich jemand anderen vorzieht und Sie im Stich lässt, dann versuchen Sie, ihn wieder in Ihren Bannkreis zu bekommen. Dann üben Sie Macht aus. Verständlich. Aber das hat mit Besitz zu tun, nicht mit Liebe. Immer wenn Sie finden, jemand sollte sich Ihren Vorstellungen gemäß verhalten, dann verzichten Sie in dem Augenblick auf Liebe. König Alberich fand das normal. Sinngemäß sagte er: Eine Person liebt nicht, sie will etwas. Sie will vom anderen, dass er sie bestätigt, zufrieden stellt, absichert. Sie nimmt also den anderen als Mittel für sich selbst. Und das ist, so subtil es ablaufen mag, Machtausübung. In dieser Phase Ihres Lebens werden Ihnen solche Mechanismen gerade bewusst. Und das liegt daran, dass Sie tatsächlich mächtig sind. Sie haben mehr Einfluss auf andere Leute, als Ihnen klar ist. Ja, Sie haben Macht. Sie üben Macht aus. Und spüren zugleich die Fähigkeit, zu jener Liebe jenseits der Macht zu gelangen. Das werden Sie auch. Sie merken es schon.

4.
Der Faden der Sheherezade

Sheherezade war die feinsinnigste Herrscherin des Mittelalters. Sie herrschte durch den listigen Einsatz ihrer Phantasie. Genau das können Sie auch. Sheherezade herrschte so klug, dass kaum jemand ihre Herrschaft bemerkte. Am wenigsten ihr unmittelbarer Diener. Auch diese Art Führungskunst gehört zu Ihren Talenten. Sheherezades Begabungen sind Ihre Begabungen. Deshalb sind Sie hier. Weil jetzt Ihre Talente zum Zuge kommen. Sie erinnern sich: Bagdad, Frühjahr 912. Sultan Shahriar ist auf die Idee gekommen, jede Nacht mit einer Jungfrau zu verbringen und sie jeweils bei Sonnenaufgang dem Scharfrichter zu übergeben. Alle Mädchen Bagdads will er als Jungfrau in Besitz nehmen; als Frauen sollen sie niemandem gehören. Zu seiner Überraschung meldet sich als Erstes eine Freiwillige: die schöne Sheherezade. Sie verbringt die Nacht mit ihm. Doch kurz bevor die Sonne aufgeht und der Scharfrichter kommen soll, beginnt sie, dem Sultan eine Geschichte zu erzählen. Eine aufregende, eine rührende Geschichte. Eine Geschichte, die immer spannender wird, und als sie am spannendsten ist, sagt Sheherezade: So, das war's für heute, morgen geht's weiter. Der Sultan begnadigt sie für einen Tag, um das Ende der Geschichte zu hören. Aber am nächsten Tag ist es wieder so. Sheherezade erzählt so fesselnd, dass der Sultan immer weiter hören will. Von Tag zu Tag. Und nach tausend Tagen und Nächten, eingelullt und glücklich, begnadigt er sie und alle anderen Frauen. Er beugt sich. Er ist längst ihr Diener geworden. Nach und nach hat er ihr alle Wünsche erfüllt. Sie ist zur heimlichen Königin Bagdads geworden.

Ein Herrscher ist dann am besten, sagt sie, wenn die Menschen kaum wissen, dass er existiert. Das könnte Ihre Devise sein. Das ist genau die Art, auf die Sie zu herrschen vermögen. Sanft. Kunstreich. Unmerklich. Mit leiser List. Und unerschöpflicher Phantasie. Die Zeit Ihres Königtums ist da. Glückwunsch! Oder sind Sie längst Herrscherin? Und haben wir es nur nicht bemerkt? Sind wir bereits von Ihrem unsichtbaren Faden gefesselt? Wenn ja – es ist angenehm, Ihr Diener zu sein! Erzählen Sie uns eine Geschichte?

5. Der Kalender des Robinson

Willkommen auf der Insel des Robinson! Wenn er noch leben würde, würde er Sie vermutlich Freitag nennen und Ihnen zivilisiertes Benehmen beibringen. Aber er lebt nicht mehr. Sie können seinen Platz einnehmen und herrschen. Ganz allein über Ihre Insel. Das ist es doch, was Sie wollen. Jedenfalls zur Zeit. Deshalb sind Sie zu Robinson gelangt: Sie möchten etwas haben, das nur Ihnen untersteht. Einen Bereich, in dem Sie allein bestimmen, was passiert. Wo niemand Ihnen ins Leben regiert. Und wahrhaftig, den bekommen Sie jetzt auch.

Sie erinnern sich: Mit seinen hochfliegenden Plänen erlitt Alexander Selkirk, genannt Robinson, Schiffbruch. Er konnte sich nur noch an den Strand einer einsamen Insel retten. Heute kennen wir sie übrigens: Sie gehört zum Juan-Fernandez-Archipel vor der chilenischen Küste. Möglicherweise sind Sie dort mal in einem früheren Leben gestrandet. Und dann haben Sie sich als Robinson aus dem Nichts eine Existenz aufgebaut. Haben sich eine eigene Welt erschaffen. Und Sie waren, von ein paar dilettantischen Menschenfressern abgesehen, unumstrittener Chef in dieser Welt.

Das ist drei Jahrhunderte her. Die Menschenfresser sind ausgestorben, abgesehen von einigen Exemplaren in Ihrer eigenen Familie. Und alles könnte so schön sein, wenn Sie eine Insel für sich allein hätten. Versprochen: Die kriegen Sie jetzt. Schiffbruch erlitten haben Sie schon. Nun ist Ihre kreative Phase dran. Sie erschaffen sich Ihre eigene Welt. Ihre Insel. Also einen deutlich abgegrenzten Bereich, in dem allein gilt, was Sie sagen. In dem – und dafür steht der Kalender des Robinson – Ihr eigenes Zeitmaß gilt. Diese Insel erschaffen Sie sich in Ihrer Wohnung. In Ihrem Job. In Ihrem Leben. Das tut Ihrer Seele gut.

Alles, was Sie dafür brauchen, werden Sie finden. Genau wie Robinson. Die Begabungen und die Energie haben Sie in sich. Oder wollen Sie auch noch einen Diener haben? Robinson errettete einen vor seinen menschenfressenden Kollegen. Na, haben Sie eine Idee? Wer könnte das sein?

6.
Der Kleiderständer des Kaisers Ferdinand

Ja, dieses ist der geschmiedete Kleiderständer des Kaisers Ferdinand I. Eigentlich sollten kostbare herrschaftliche Gewänder daran hängen. Immerhin hat Ferdinand dafür bezahlt. Doch der Kleiderständer ist leer. Hat jemand die kaiserlichen Roben gestohlen?

Nein. Sie hängen da. Man muss sie nur sehen können. Kaiser Ferdinand I. ist durch einen sonderbaren Betrug in die Geschichte eingegangen. Im Jahre 1556 wurde er in Wien von zwei arabischen Schneidern besucht. Nach zeitgenössischen Berichten verfügten diese Schneider über suggestive Kräfte. Zweifellos ließ Ferdinand sich auch leicht beeinflussen. Es heißt, er sei kurzsichtig gewesen. Oder er wollte nicht sehen. Die Araber maßen ihm jedenfalls die allerneuesten, allerzartesten Stoffe an. Und schafften es, dass er sie stolz dem Hofstaat präsentierte. Begeisterung. Applaus. Bis das Kind des Koches schrie: Der Kaiser ist ja nackt!

Diese historische Geschichte ist später zum Märchen geworden. Wir fragen uns: Was hat sie mit Ihnen zu tun? Ganz einfach. Sie haben eigentlich den Kaiserthron verdient! Erstens, weil Sie ein gerechter und gütiger Herrscher wären. Und zweitens, weil wir Ihnen dann allerlei einreden könnten. Stimmt's? Wer Ihrem Selbstbewusstsein schmeichelt, der kann viel von Ihnen bekommen.

Wer Ihnen das Gefühl gibt, Sie seien besser als andere, der kann Ihnen alles verkaufen. Sogar Luft. Am liebsten mögen Sie heiße Luft.

Aber seien wir ehrlich: Das war so. Sie sind hierher gekommen, weil gerade jetzt Ihr Blick sich klärt. Oder sehen Sie hier irgendwo Kaisergewänder? Nein. Gerade in der gegenwärtigen Phase Ihres Lebens durchschauen Sie etwas, was Ihnen lange unklar war. Nicht so sehr bei anderen, sondern vor allem bei sich selbst. Sie erkennen, wo Sie sich um Ihrer Eitelkeit willen übers Ohr hauen ließen. Wo Sie sich selbst in die Tasche gelogen haben. Und wie damals das Kind des Kochs mit unverdorbenem Blick, sehen Sie jetzt durch Posen und Fassaden auf die nackte Wahrheit. Das ist mehr, als wir vermögen. Denn wir sehen Sie vor uns, angetan in den herrlichsten Gewändern!

7.
Der Fächer der Madame Pompadour

Madame Pompadour ist die Erfüllung des Aschenputtel-Traumes. Sie wurde als Tochter eines Kutschers geboren. Als sie zwanzig war, holte der König sie auf sein Schloss. Wenig später besaß sie etliche Paläste und war die Königin Frankreichs. Nicht ganz offiziell; geheiratet hatte der König sie nicht. Doch jeder wusste, dass sie seine große Liebe war und dass er auf ihren Rat hörte. Sie war klug. Sie wurde verehrt.

Haben Sie diese Karriere ebenfalls vor sich? Nicht exakt. Sie sind kein Aschenputtel. Deshalb warten Sie auch nicht, dass ein König Sie holt. Sie machen sich lieber selbst auf die Socken. Übrigens tat Madame Pompadour das auch. Genau wie Aschenputtel sich zum Ball aufs Schloss wagte, begab sie sich in die Kreise des Hofes. Sie interessierte sich für die Leute, die sie sah. Und ihr berühmter Satz trifft auf sie selber zu: Um die Intelligenz eines Regenten zu ermessen, schaut man sich am besten die Menschen an, mit denen er sich umgibt.

Sie umgab sich mit Menschen, die eine glückliche Ausstrahlung hatten. Die erfolgreich waren. Die nicht mit dem Schicksal haderten, sondern es selbst gestalteten. Das wollte sie ebenfalls. Und tat es. Wie Sie. Sie haben jene Begabung der Madame Pompadour, die man heute Modelling Of Excellence nennt: Sie nehmen sich exzellente Menschen als Modell. Sie lernen von denjenigen, die Sie bewundern. Übernehmen das Beste. Und werden bald selbst bewundert.

Es kribbelt in Ihnen schon seit geraumer Zeit. Jetzt handeln Sie. Jetzt reduzieren Sie den Umgang mit unkenden Leuten und wenden sich den aufbauenden zu. Bald werden Sie gefördert. Und fördern selbst. Genau wie Madame. Wer Menschen führen will, muss hinter ihnen gehen, sagte sie. Und das ist der beste Führer, dessen Leute sagen: Wir haben den Erfolg selbst zustande gebracht.

Madame Pompadour bestimmte vor zweihundertfünfzig Jahren die Politik. Zudem gründete sie Porzellanmanufakturen, parlierte mit Philosophen und förderte die Künste. Das ist auch bei Ihnen drin. Aber zunächst einmal geht es um die Verwirklichung Ihrer Träume.

8.
Das Weinglas des Machiavelli

Auf einem Landgut in der Toskana sitzen, Wein schlürfen, ein bisschen über die Welt sinnieren, ab und zu ein paar Weisheiten notieren – das wäre genau das Richtige für Sie. Es war genau das Richtige für Niccolò Machiavelli, für Ihren Patron, Ihre Inkarnation in einem früheren Leben. In verschiedenen Ämtern und Führungspositionen in Florenz war Machiavelli gescheitert. Nun schrieb er Bücher darüber, wie man es besser macht. Das ist auch Ihr Talent: zu wissen, wie andere es besser machen könnten.

Wer von ferne sieht, sieht klar, sprach Macchiavelli auf seiner Veranda; wer mittendrin ist, der sieht nebelhaft. Stimmt. Ist was dran. Auch Sie sehen am klarsten, was außerhalb Ihrer vier Wände abläuft. So bei Ihren Geschwistern oder Eltern oder Kindern oder bei Leuten in der Öffentlichkeit, da wissen Sie Bescheid. Da können Sie Rezepte geben. Übrigens tatsächlich brauchbare Rezepte. Nur wenden die Leute sie nicht an! Niccolò Machiavelli schrieb ein Buch darüber, wie man richtig herrscht; jahrhundertelang galt es als goldenes Buch aller Fürsten. Darin steht zu lesen, wie man sich Ziele setzt und wie man Entschlüsse in die Tat umsetzt, wie man gute Berater findet und wie man sich durchsetzt, wie man herrscht und wie man führt. Gute Rezepte. Aber seltsam, berichtete Machiavellis Patenkind Francisco Borgia, bei ihm zu Hause tanzten ihm die Diener auf der Nase herum.

Solche Erlebnisse kennen Sie. Und Sie sind jetzt hierher gekommen, um das weiseste Wort des Machiavelli in die Tat umzusetzen: Was wir bei anderen sehen, sagte er, ist nichts als unsere eigene Wahrheit. Was wir bei anderen kritisieren, trifft auf uns selber zu.

Das ist es, was Ihnen in letzter Zeit bereits dämmerte. Und nun sind Sie bereit, Ihre eigenen Rezepte zu überprüfen. Der Rat, den Sie für andere haben, das ist der Rat, der am besten für Sie selbst geeignet ist. Was andere Ihrer Ansicht nach tun sollten, das ist in Wirklichkeit bei Ihnen selber dran.

Mit anderen Worten: Sie sind ganz nah dran an der Selbsterkenntnis. Zum Wohl!

9.
Die Flöte des Dietrich von Tiefenau

Dietrich von Tiefenau war Meister des Deutschen Ritterordens. Und auch ein Meister im Flötenspiel. Im späten Mittelalter gab er seine Ländereien zwischen Hameln und Stade auf und machte sich einen Namen in der Besiedlung sumpfiger Landstriche weit östlich der Oder. In seiner alten Heimat machte er sich einen Namen als Flötenspieler und Dompteur. Dietrich von Tiefenau war der historische Rattenfänger von Hameln.

So, so. Und was hat er mit Ihnen zu tun? Werden wir Sie demnächst als Kammerjäger in unserem Vorratsschrank einsetzen dürfen? Aus dem flatterten neulich ein paar Getreidemotten. Reizt Sie das? Werden Sie demnächst Kinder entführen? Oder aber, das wäre das Schlimmste, haben Sie vor, Flöte zu spielen?

Nichts von alledem. Vielmehr verfügen Sie wie Dietrich von Tiefenau über eine besondere Macht. Über eine charismatische Ausstrahlung. Wenn Sie es noch nicht wissen, werden Sie es bald merken: Sie können Menschen faszinieren. Sogar verführen. Zu neuen Taten inspirieren. Nichts anderes hat jener Ordensritter vor gut siebenhundert Jahren getan. Er hat junge Leute im lieblichen Westfalen aufgerufen, mit ihm zu kommen und im Osten blühende Landschaften zu schaffen. Sie sind ihm in Scharen gefolgt. Mit Ratten hat er sich nie abgegeben; das Gerücht entstand später. Tatsache ist, dass er Menschen begeisterte – wie Sie das auch können. Dass er sie mit Visionen überzeugte. Dass er Optimismus und Lebensmut bei ihnen weckte. Die jungen Leute haben dann im wilden Osten ihr Glück gemacht, am Frischen Haff, in Pomesanien, im Kulmer Land. Da wollen Sie nicht hin. Aber genau diese visionäre Energie des Dietrich von Tiefenau steckt auch in Ihnen. Diese bezwingende Macht. Diese Suggestivität. Sobald Sie ein Ziel haben, lösen Sie sich mühelos von alten Besitztümern. Dann können Sie Ihre gesamten Kräfte für das Neue mobilisieren. Und vor allem können Sie andere Menschen dafür begeistern. Lebensmut spenden. Man folgt Ihnen froh und gespannt. Sie erleben es demnächst.

Ach so, und wegen der Getreidemotten melden Sie sich, okay?

Raum 9

Der Saal der Kaufleute

Es riecht nach Geld in diesem Raum. Das ist schon mal nicht schlecht. Sie sehen zwar keine Haufen von Dukaten oder Bündel frisch gedruckter Banknoten. Aber Sie können sich denken, dass hinter den Gemälden von Mühlen und Handelsschiffen Tresore versteckt sind. Dass es in den alten Stehpulten Geheimfächer gibt. Und dass in den Säcken mit der Aufschrift Kaffee oder Gewürze womöglich noch etwas anderes schlummert.

Nicht, dass Sie geldgierig sind. Das ja nun überhaupt nicht. Aber Sie finden es schön, wenn Sie sich über Geld keine Sorgen zu machen brauchen. Deshalb sind Sie hier.

Und Sie sind richtig hier, bei den Experten für gute Geschäfte und riskante Spekulationen, bei den Fachleuten für den Umgang mit Kunden und mit den Gesetzen des Marktes, bei den Freunden des Gewinnens.

Sie sind in den Saal der Händler und Kaufleute gelangt, weil Sie die Sache mit den Finanzen jetzt mal regeln wollen. Das ist dran bei Ihnen. Nicht nur, dass Sie Schulden loswerden und Geld einfahren möchten. Sie möchten genau den Job machen, der Ihnen gut tut. Keinen anderen. Sie wollen Ihre Zeit nicht länger verschwenden mit Arbeiten, die Sie nicht weiterbringen. Sie wollen auf dem Weg der Arbeit auch das erreichen, was man Selbstverwirklichung nennt. Das Geld nehmen Sie als kleine Draufgabe gern noch dazu.

Es geht also auch um Ihre eigene Wertschätzung. Was sind Sie selbst sich wert? In dem, was Ihnen von außen gegeben wird, drückt sich das aus. Das wissen Sie. Sie wissen: Leute, die sich ihr Leben lang um Geld sorgen – egal, wieviel sie haben – haben Probleme, sich selbst wertzuschätzen. Sie sind hier, um dergleichen Probleme zu lösen.

Sie werden Ihre inneren Reichtümer freilegen. Sie werden so viel Geld bekommen, wie Sie brauchen. Und mehr. Mal sehen, wer Sie dabei unterstützt.

Sie sehen in diesem Saal die Wahrzeichen ruhmreicher Kaufleute. Sie sehen Goldwaagen und lockende Schatullen, Schreibgeräte zum Eintragen fetter schwarzer Zahlen in Kassenbücher, gewaltige Schlüssel und besiegelte Urkunden, glänzende Weinpokale, Silbertabletts, eine kostbare Uhr.

Sie sehen auch ein paar Gegenstände, die Sie nicht auf den ersten Blick mit Kaufleuten in Verbindung bringen würden. Aber es gibt verschiedene Arten, inneren und äußeren Reichtum zu verbinden. Einer der Kaufleute in diesem Raum möchte Ihnen dazu etwas sagen. Einer der Ladies und Gentlemen will Sie unterstützen. Wer? Das erkennen Sie aus dem Tag Ihrer Geburt zusammengenommen mit dem heutigen Tag. Sie sind an einem 17. geboren? Und heute ist der 15.? Dann addieren Sie die beiden Zahlen und ziehen Sie die Quersumme. 17 plus 15 sind 32. Die Quersumme von 32 ist 3 plus 2, also 5.

Das bedeutet: Der fünfte Gegenstand symbolisiert Ihre Talente. Es ist der Beutel des Hans Beat Welser. Dieser gelernte Kaufmann merkte, dass er sehr wenig benötigte, um sich reich zu fühlen. Deshalb nannte man ihn Hans den Glücklichen. Kürzer auch: Hans im Glück.

Aber rechnen Sie nach, welcher der Kaufleute tatsächlich Ihre Kräfte symbolisiert. Und schlagen Sie die Seite auf.

1.
Der Orden des Adrian de Koek

Adrian de Koek gehörte zu den bedeutendsten Kaufleuten des 16. Jahrhunderts. Und zu den mutigsten. Er segelte die Küsten Afrikas entlang, nach Südamerika, auf die karibischen Inseln. Entdeckerfreude und Abenteuerlust mischten sich bei ihm mit der Suche nach neuen Handelsmöglichkeiten.

Erkennen Sie sich wieder? Ihre Weltoffenheit und Ihr Erkenntnisdrang gehören zu den Talenten, mit denen Sie prächtig Geld verdienen können. Bei Adrian de Koek kam, wie bei Ihnen, noch etwas hinzu: humanitäres Engagement. In Südamerika sah er die Ausbeutung der eingeborenen Indios. Zusammen mit einem Jesuitenpater sann er auf eine Lösung. Er fand sie, und er bekam dafür einen Orden: Die beiden begannen, Menschen aus Afrika nach Südamerika zu bringen. Adrian de Koek war Mitbegründer des afroamerikanischen Sklavenhandels.

Erkennen Sie sich wieder? Nein, natürlich nicht. Sklaverei?! Sie fänden es vielleicht schön, einen Diener zu haben. Aber erstens würden Sie den bezahlen, und zweitens haben Sie sowieso keinen. Und einen Lustsklaven, wie ihn die Herrscherinnen seit der Antike beschäftigten?

Schluss. Es geht um etwas anderes. Adrian de Koek handelte im Einklang mit der damals gültigen Moral. Von Aristoteles bis Thomas von Aquin hatten alle großen

Weisheitslehrer die Sklaverei als gut und vernünftig empfohlen. Die Kirche ebenfalls. Adrian de Koek hatte ein reines Gewissen. Genau wie Sie! Tat er, ohne es zu wissen, etwas Schädliches? Es sieht beinahe so aus. Tun Sie, ohne es zu wissen, etwas Schädliches? Nein, das nicht. Aber da Sie schon mal hierher gekommen sind, zum einzigen Sklavenhändler im Schloss der Schicksale: Vergessen Sie mal das Wort Sklave. Kann es sein, dass Sie sich über andere erheben? Dass Sie andere unbezahlt Arbeiten tun lassen, die eigentlich Ihre Sache wären? Dass Sie daraus vergnügt Gewinn ziehen? Und schließlich: Ist es möglich, dass Sie die Vorstellung, ein Partner würde völlig Ihnen gehören, Ihnen ganz allein, gar nicht so abwegig finden? Na? Ist ja nicht schlimm. Sehen Sie sich um. Sie dürfen sich jetzt einen Sklaven aussuchen. Aber für maximal eine Stunde!

2.
Der Kasten des Johannes Tetzel

Sie sind ein begnadeter Verkäufer. Wie Johannes Tetzel. Der machte vor fünfhundert Jahren mehr Umsatz als jeder andere Händler im Reich. Nicht indem er Wolle oder eingelegte Heringe verhökerte. Er handelte mit etwas viel Wertvollerem: mit spirituellem Fortschritt. Er verschaffte seinen Kunden inneren Frieden, seelische Gesundheit, ein wenig Glück. Und das ließen die Leute sich damals wie heute gern etwas kosten. Genau wie Sie war Johannes Tetzel im Herzen ein Prediger. Einer, der durch seine Ausstrahlung überzeugte. Der seine Begeisterung auf andere übertragen konnte. Das gehört auch zu Ihren Fähigkeiten. Und wie einst Tetzel können Sie einen Beruf daraus machen, andere Leute auf ihrem inneren Weg zu unterstützen.

Johannes Tetzel bot den Menschen die Befreiung von Schuldgefühlen an. Seine Methode wirkt heute einfach. Er ließ die Leute Geld in einen Kasten stecken und händigte ihnen dafür einen Ablassbrief aus, eine Art Spendenquittung mit geistiger Wirkung. Wer etwas gestohlen hatte, musste drei Dukaten entrichten und erhielt die schriftliche Bestätigung, dass die Tat vergeben war, mit Echtheitsgarantie des Papstes. Ein Meineid kostete sechs Dukaten, ein Mord acht. Und so weiter. Jede schädliche Handlung kann getilgt werden, lautete Tetzels Botschaft.

Niemand muss ein Leben lang sein Gewissen martern. Und wirklich, die Leute fühlten sich durch die Abzahlung befreit.

Heute lehren buddhistische Weise, durch eine Spende an ihre Organisation könne schlechtes Karma abgebaut werden. Das ist dasselbe. Und vielleicht stimmt es. Jedenfalls sind Sie hierher gekommen, zum klimpernden Kasten des Johannes Tetzel, weil Sie genau diese Begabung haben: mit spiritueller Hilfe Ihr Leben zu bestreiten. Ob Sie Psychotherapie anbieten, Rückführungsseminare, Tarot oder Horoskope: Sie können das. Sie haben den sechsten Sinn für Menschen. Sie helfen. Und es gibt keinen Grund, dafür kein Geld zu nehmen. Im Gegenteil: Nur das hat Wirkung, wofür etwas geopfert wird, lehrte Johannes Tetzel.

Also: Wir haben gesündigt. Was sollen wir Ihnen zahlen?

3.
Der Enterhaken des Klaus Störtebeker

Ihr raubt im Schutze des Gesetzes, teilte Klaus Störtebeker den Kaufleuten der Hanse mit; ich raube ohne den Schutz des Gesetzes; was ist mutiger? Das war ein respektloses Wort, aber unter den Kaufleuten regte sich seltsam wenig Protest in jenem Jahr 1400. Nach abenteuerlichen Jahrzehnten war der Meisterpirat samt 70 Genossen von einer hanseatischen Flotte gefangen worden. Nun stand er vor dem Gericht der Hansestadt Hamburg und gab seine Ansichten zu Protokoll.

Es gibt Spielregeln, sagte er, und es gibt Leute, die sich an Spielregeln halten; solche Leute nennt man Verlierer. Er äußerte: Dem Geld darf man nicht nachlaufen, man muss ihm entgegengehen. Und: Wer arbeitet, hat keine Zeit, Geld zu verdienen. Das waren freche Sprüche, und sie setzten die hanseatischen Kaufleute in einige Verlegenheit. Denn, so notierte ihr Vorsitzender Simon von Utrecht, jeder dieser Sprüche hätte im Wappen eines jeden ehrbaren Kaufmanns stehen können.

Also auch in Ihrem Wappen. Grundsätzlich gehören Sie zur Gilde ehrenwerter Kaufleute. Doch zuweilen sind Sie sich ein wenig unsicher, ob Sie Ihr Geld im Schutz des Gesetzes zusammenharken sollen oder in der freien Wildbahn. Etwas vom gesetzlosen Klaus Störtebeker steckt in Ihnen. Etwas vom abenteuerlichen Geist seiner Bande. Etwas von dieser spielerischen Dreistigkeit, mit der die Boys und Girls – denn es waren etliche Piratinnen darunter – ihrer Beute nachjagten. Etwas von diesem süffigen Lotterleben.

Stimmt's? Stimmt. Sie haben ein abenteuerliches Herz. Und es ist angemessen, wenn Sie Ihr Geld verdienen, wie es diesem Herzen entspricht. Mit der Risikobereitschaft, die in Ihnen schlummert. Mit dieser Spiellaune. Dieser Begeisterung.

4.
Der Flügel des Ludwig Berlinger

Leider ist nur einer der beiden Flügel ins Schloss der Schicksale gelangt. Wären beide hier, aus Holz und gewachstem Tuch, Sie könnten sie anschnallen und ein paar Runden um den Turm fliegen. Denn flugtauglich sind sie, die Flügel des Albrecht Ludwig Berlinger. Vor einigen Jahren hat man sie nachgebaut, und siehe da, zu Gleitflügen in warmen Aufwinden waren sie geeignet.

Berlinger selbst ist damit abgestürzt. Warum? Weil er so einer war wie Sie. Einer, der es nicht abwarten kann, seine Ideen auszuplaudern oder vorzuführen. Noch ehe er sie richtig ausprobiert hat. Wenn Berlinger einen guten Einfall hatte, musste der sofort angepriesen werden. Geniale Produkte brachte er so auf den Markt, leider im unausgereiften Stadium.

Schade. Er hatte fast so viele gute Ideen wie Sie. Hätte er sie bis zur Tauglichkeit getestet, wäre er reich geworden.

Sie haben diese Chance. Sie haben Berlingers Kühnheit. Seine Kreativität. Seinen Mut, Grenzen zu überschreiten. Sein Gespür für neue Möglichkeiten. Und Sie sind hier, weil Sie es besser machen werden als er. Vor zweihundert Jahren verkündete er, er werde vor Publikum über die Donau fliegen. Der König reiste an, der Bischof kam, und die ganze Stadt Ulm war dabei, als Berlinger von der Adlerbastei sprang, hektisch mit den Flügeln schlug und steil ins Wasser platschte.

Das wird Ihnen nicht passieren. Berlinger hatte die Thermik über dem Fluss nicht getestet. An Abhängen mit warmen Aufwinden hatten die Flügel ihn getragen. In der kalten Brise der Donau nicht. Er musste zurück ins Schneideratelier. Nicht einmal seine Erfindungen medizinischer Geräte wollte man nach dieser Blamage noch zur Kenntnis nehmen.

Pech? Nein, vorlaute Selbstüberschätzung. Sie sind gewarnt. Sie werden es besser machen als in Ihrer letzten Inkarnation in Ulm. Also behalten Sie Ihre Einfälle für sich, bis Sie etwas Vorzeigbares haben. Ihnen kommen so phantastische Ideen – es wäre schade, wenn ein anderer damit Geld verdient. Sie haben etliche Trümpfe. Behalten Sie wenigstens ein paar davon in der Hinterhand.

5.
Der Beutel des Hans Beat Welser

Ja, hier sind Sie richtig. Sie sind beim glücklichsten aller Kaufleute gelandet. Hans Beat Welser stammte aus einem alten Kaufmannsgeschlecht. Die Welser handelten seit dem Mittelalter mit Gewürzen und Salz, mit Leinwand und Alaun, Brokat und Schwertern. Sie hatten Kontore in allen bedeutenden Städten und mehrten ihren Wohlstand, bis – ja, bis Ihr persönlicher Schutzpatron kam, Johannes Welser, der lächelnde Hans. Mit leeren Händen kehrte er heim von seinen Lehrjahren in der Fremde. Gleichwohl vertraute man ihm die Geschäfte an. Der Bankrott kam schnell. Hans störte das nicht. Nun sind wir frei, erklärte er. Er war bei klarem Verstand, das berichten alle Chroniken, und machte zugleich den Eindruck eines vollkommen glücklichen Menschen. Von da an – er war noch nicht einmal dreißig – bekam er den Beinamen Beatus, der Glückliche.

Als Hans im Glück ist er inzwischen weltberühmt geworden. Als ein Mensch, der die Freiheit höher schätzt als den Besitz. Der die Sicherheit nicht in brüchiger Materie sucht, sondern in sich selbst. Sie sind so ein Mensch. Sie finden Geld angenehm. Sie finden es schön, sich Wünsche erfüllen zu können. Doch die eigentliche Erfüllung ist durch die besten Geschäfte nicht zu erreichen. Das haben Sie gemerkt. Ebenso wie der glückliche Hans.

Wir wissen nicht, ob seine Heimkehr aus der Lehre sich tatsächlich so abgespielt hat: Den Goldklumpen gegen ein Pferd getauscht, das Pferd gegen eine Kuh, die Kuh gegen ein Schaf, das Schaf gegen einen Mühlstein, den Mühlstein gegen die Leichtigkeit des Seins. Aber im Prinzip wird es so gewesen sein. Und auch Sie fragen sich neuerdings bei einigen Dingen und bei einigen Tätigkeiten: Was ist eigentlich der Gewinn?

Der glückliche Hans sagte: Von unserem Geld kaufen wir Dinge, die wir nicht brauchen, um Leute zu beeindrucken, die wir nicht mögen. Das ist Ihnen auch schon aufgefallen. Sie wollen lieber glücklich sein.

Und Sie sind auf dem besten Wege dazu. Wollen Sie Ihr Geld uns vielleicht gleich hier und jetzt überlassen?

6. Die Jacke des Jizchak Leib

Bei Ihnen gibt es einen Konflikt. Sie wollen Geld verdienen. Und doch eine reine Seele haben. Wollen Geschäfte machen. Und zugleich am liebsten erleuchtet sein. Und Sie fürchten, dass das nicht geht.

Kennen Sie Jizchak Leib? Nein? Da geht es Ihnen genauso wie dem Rabbi Rafael von Belz. Der war vor vierhundert Jahren der berühmteste Weise im Judentum. Der fragte Gott in einem Traum: Neben wem werde ich im Jenseits sitzen? Die Antwort: Neben Jizchak Leib aus Lodz. Der Rabbi kannte keinen Jizchak Leib. Also ließ er anspannen. In der jüdischen Gemeinde von Lodz begrüßt man ihn mit Hochachtung. Aber Jizchak Leib kennt man nicht. Ach doch, jemand erinnert sich: Da gibt es einen, der kommt nie in die Gemeinde, einen Schächer am Ende der Stadt. Dahin begibt der Rabbi sich. Es wird dunkel. Der Sabbatabend beginnt. Düsteres Viertel. Verwahrlostes Haus. Jizchak Leib? grinst eine Nachbarin, der ist unterwegs in Geschäften. Der Rabbi erschrickt: Am Sabbat? Das soll der Mann sein, neben dem ich im Jenseits sitze? Endlich kommt dieser Jizchak. Angetrunken. Grüßt kaum, frisst gleich los. Das Tischgebet! ruft der Rabbi. Der Schächer grunzt: Willst du ein Geschäft mit mir machen oder was? Nein, der Rabbi will den Sabbat feiern. Wenn du kein Geschäft anbieten kannst, raus mit dir! schnaubt Jizchak und wirft den Rabbi vor die Tür. Entsetzen. Ohnmacht.

Am nächsten Tag auf schnellstem Weg zurück nach Belz. Der Rabbi ist verzweifelt: Was habe ich getan, dass ich neben diesem Mann sitzen soll? Ein Fluss. Hochwasser. Die Brücke ist kaputt. Ein Boot nimmt den Rabbi auf. Als er drüben ist, hört er Geschrei. Am anderen Ufer winkt Jizchak Leib: Rabbi, Rabbi, ihr habt euren Hut vergessen! Der Rabbi winkt ab: Die Brücke ist kaputt! Da legt Jizchak Leib seine Jacke aufs Wasser, fährt darauf hinüber, reicht dem Rabbi den Hut: Gute Reise noch!, und fährt auf der Jacke zurück. Der Rabbi steht stumm.

Das ist Ihre Story. Sie müssen keine frommen Gesetze einhalten, um erleuchtet zu werden. Sie können nach Herzenslust Geschäfte machen. Und wenn Sie gelegentlich übers Wasser wandeln, zahlen wir Eintritt!

7.
Der Sattel der Lady Godiva

Lady Godiva ritt splitternackt durch eine ganze Stadt. Würden Sie das auch tun? Es muss nicht sofort sein. Aber im Prinzip? Irgendetwas hat es doch zu bedeuten, dass Sie hierher gelangt sind, zur berühmtesten Lady des englischen Mittelalters.

Godiva sorgte mit ihrem Ritt durch Coventry für die größte finanzielle Transaktion in den Beziehungen zwischen Bürgern und Adel. Es war der einträglichste Ritt in der Geschichte der britischen Städte. Einträglich? Finanzen? Also, würden Sie nackt durch die Stadt reiten?

Ja, Sie würden es tun. Denn Sie sind edel. Edel wie Lady Godiva. Edel und schön. Lady Godiva unternahm ihr Abenteuer aus den lautersten Motiven. Sie hatte Mitleid mit den Bürgern der Stadt Coventry. Sie ächzten unter einer Last scheußlicher Steuern. Die hatte ihnen der Herr Graf auferlegt. Lady Godiva war die Ehefrau dieses Grafen. Sie malte ihm aus, wie Stadt und Land aufblühen würden, wenn er nur die Steuerschraube ein wenig lockerte. Er gab nicht nach. Da musst du erst nackt durch die Stadt reiten, bevor ich das tue, sagte er.

Das ist fast tausend Jahre her. Damals war Coventry nicht besonders groß. Trotzdem wird es Lady Godiva einige Überwindung gekostet haben, den grantigen Spruch des Grafen in die Tat umzusetzen. Aber sie tat es. Die

Bürger blickten keusch zur Seite. Und sie gewann. Der Graf, beeindruckt vom beherzten Wagemut seiner Frau, erließ der Stadt alle Steuern. Sie wird dort seither wie eine Heilige verehrt.

Und Sie demnächst auch. Denn Sie haben den Schneid und die Verwegenheit der Lady Godiva. Das ist Ihre Chance. Möglicherweise haben Sie Ihre eigene Courage bisher unterschätzt. Aber Sie werden sehen. Wenn es demnächst um eine Aufgabe geht, an die sich sonst keiner ranwagt, dann greifen Sie zu. Sie sind risikobereit. Sie sind fähig, über den eigenen Schatten zu springen. Und Sie werden bald sehen, wie gut Ihnen das tut. Auch finanziell.

Ach, übrigens: Wir würden zusammenlegen und ein Fahrrad satteln, wenn Sie zu einem kleinen Ritt bereit sind. Wie wär's?

8.
Der Pinsel des Potemkin

Gregor Potemkin war einer wie Sie. Ein begnadeter Verkäufer. Ein Mensch voller Einfälle, voller Pläne, voller Ideen. Wie es so mit Menschen ist, die viele Ideen haben: Er konnte nur einen Bruchteil davon verwirklichen. Er fing vieles an und brachte weniges zu Ende. Kennen Sie das? Na, macht nichts. Möglicherweise nahm er es auch mit der Wahrheit nicht so genau. Das wiederum ist Ihnen natürlich fremd. Macht auch nichts. Sein berühmtester Coup hätte von Ihnen stammen können. Potemkin hatte seiner Gönnerin, der Zarin Katharina, vorgeschlagen, die Krim zu kolonisieren. Vor zweihundertfünfzig Jahren war dort ödes Steppenland. Potemkin behauptete, er könne daraus in wenigen Jahren blühende Landschaften schaffen. Vielleicht hatte er den Aufwand unterschätzt, vielleicht hatte er anderswo Besseres zu tun, die Steppe blieb Steppe. Erst als die Zarin ein paar Jahre später ankündigte, nun wolle sie durch die blühenden Landschaften reisen, wurde Potemkin hektisch aktiv. In letzter Minute. Kennen Sie auch? Macht wirklich nichts. Er schaffte es, entlang der geplanten Route mit reichlich Farbe, Holz und Pappmaché ganze Dörfer vorzutäuschen. Kulissenmaler pinselten Wege, Brunnen, Ställe, Obstgärten, Wäldchen und Gehöfte auf Bretterwände. Zum Schluss wurde noch applausfreudiges Volk importiert. Als Katharina auf der vorgesehenen Strecke durchs Land rumpelte und huldvoll durch den Vorhang der Kutsche blinzelte, erblickte sie tatsächlich blühende Landschaften, gesegnete Dörfer. Gregor bekam einen Orden. Dann sanken die Bretterwände in den Staub. Zu solch phantastischen Leistungen sind Sie ebenfalls fähig. Doch Sie können auch die Erkenntnis nachvollziehen, die Potemkin dämmerte. Mit demselben Aufwand, seufzte er, hätten wir die Krim wahrscheinlich wirklich kolonisieren können. Wahrscheinlich. Ihnen dämmert es ja auch: Eine Täuschung aufrechtzuerhalten, kostet mehr Energie, als kurz zu schlucken und die Wahrheit zu offenbaren. Das gilt für Ihren beruflichen Weg. Sie wissen schon, wovon wir reden. Wenn Sie dennoch ein paar Potemkinsche Dörfer errichten wollen: Wir kommen gern zur Einweihung.

9.
Das Kassabuch des Jakob Fugger

Leihe das Geld einem, der es nicht zurückzahlt, seufzte Jakob Fugger, und er wird es dir noch übel nehmen. Er meinte Karl V., der dank riesiger Bestechungsgelder zum Kaiser gewählt worden war und der das Darlehen dafür nun leider nicht zurückzahlen konnte. Jetzt nannte er seinen Bankier einen elenden Geizhals. Worauf der gelassen in sein Kassabuch notierte: Geizhälse mögen unangenehme Zeitgenossen sein, aber sie sind angenehme Vorfahren.

Jakob Fugger hatte viele Vorfahren. Er entstammte einer Familie, die das Geld liebte. Und wenn Sie, ja genau Sie, jetzt hierher gekommen sind, zu Jakob dem Reichen, dann möchten Sie offensichtlich Ihr Verhältnis zum Geld klären. Dann wollen Sie sich beim alten Geizhals ein paar kostenlose Tipps holen. Bitte sehr: Geld ist dein Freund, heißt sein berühmtestes Wort, es reicht dir die Hand; gehen musst du dann allein. Geld als etwas Gutes zu betrachten: das war Jakobs Begabung, das ist auch noch heute eine seltene Kunst. Klar, wir finden ein paar blaue Scheine immer erstrebenswert, aber zugleich sehen wir in Geld gern etwas Schmutziges, den Charakter Verderbendes. Schade. Nur wer Geld als guten Freund ansieht, meinte Jakob Fugger, bei dem fühlt es sich wohl. Geld, lehrte er, kommt zu dem, der es mag.

Das war vor fünfhundert Jahren so. Und ist noch heute so. Wenn aber das Geld endlich gekommen ist, dürfen wir es auch ausgeben? Aber ja, lehrte Jakob, und wenn du es ausgibst, dann denke dir: Liebes Geld, ich gebe dich frei. Aber du weißt, du bist immer wieder herzlich willkommen. Und natürlich kannst du dann alle deine Freunde mitbringen! So weise und witzig steht es im Kassabuch des reichen Jakob. Es sind Weisheiten, die alle auf eines zielen: auf eine freundliche Einstellung. Es ist genau die Einstellung, die Ihnen mehr und mehr zuwächst. Sie wollen nicht länger von Mangel reden und von finanziellen Grenzen. Sie wollen davon reden, was Sie bereits erreicht haben und noch erreichen möchten. Jakob wäre stolz auf Sie. Jedes Hindernis, sprach er, verschwindet aus dem Weg des Menschen, der weiß, wohin er geht. Er muss Sie gemeint haben.

Fragen und Antworten

Ist das „Schloss der Schicksale“ wirklich ein uraltes Orakelspiel?

Ja. Wahrscheinlich ist es sogar älter, als die Forscher bislang vermuteten. Tatsache ist, dass die älteste noch erhaltene Ausgabe von Eleonore von Aquitanien stammt (1125-1204). Eleonore war zunächst Herrscherin von Frankreich, dann auch noch von England. Sie gilt als Königin der Troubadoure. Ihr „Booke Of The Castle Of Fates“ wurde von Dichtern und Gelehrten zusammengestellt, die sie an ihren Hof gerufen hatte. Von Weisen aus ganz Europa. Deshalb ist es von Anfang an ein europäisches Orakelspiel gewesen. Und zwar eines, das vor allem an Königshöfen gespielt wurde.

Und was hat Prinz William damit zu tun?

Er hat die mittelalterliche Originalausgabe zum 18. Geburtstag geschenkt bekommen. Von der alten Fassung Eleonores sind nur noch zwei Exemplare erhalten, beide in Ziegenleder gebunden, auf Pergament geschrieben und reich verziert. Das eine ruht in der Bibliothek des Magdalen College in Oxford. Das andere, das Familien-Exemplar der Windsors, wurde Prinz William am 21. Juni 2000 um 21:03 Uhr überreicht. Er hat das Schloss-Orakel noch am selben Abend befragt. Das ist eine alte, übrigens lange geheim gehaltene Tradition im englischen Königshaus.

Weiß man, was William als Orakel bekam?

Ja, er gelangte in den Saal der Ritter. Das gefiel ihm nicht sonderlich. Denn es bedeutet: Auseinandersetzungen stehen an. Doch dort kam er zur Rüstung des Gralssuchers Lohengrin, des Ritters der unfehlbaren Intuition. Für William hält das Leben also reichlich Konflikte bereit. Aber in jedem einzelnen davon kann er sich hundertprozentig auf seine innere Stimme verlassen. Sein Vater Charles gelangte übrigens 1966 an seinem 18. Geburtstag in den Saal der Künstler, zum Zeichenstift des Leonardo: ein kreativer Grübler, der Verbesserungsvorschläge für nahezu alles hat, nur nicht für seine privaten Beziehungen. Und Diana gelangte im Saal der Diener zu Mephisto: eine treuherzige Helferin mit arglistigem zweiten Gesicht.

Benutzen die Windsors exakt dieses Buch? Oder gibt es verschiedene Versionen?

An jedem europäischen Königshof hat sich mit der Zeit eine eigene Fassung herausgebildet. Sachsens August der Starke nahm sich andere Geistesgrößen zu Vorbildern als Frankreichs Ludwig XIV. Es gibt eine spanische und eine schwedische Fassung; das persönliche Exemplar von Juan Carlos wird übrigens im Palacio Real ausgestellt, dasjenige von Prinzessin Victoria im Sommerpalast Drottningholm. Goethe schrieb: „Wichtig ist allein, dass diese einzigartige Verbindung von Weisheit und Unterhaltung in allen Nationen auf derselben Grundlage ruht." Goethe lernte das Spiel am Hof in Weimar kennen.

Die berühmteste deutsche Fassung ist diejenige des Bayernkönigs Ludwig II. Seine Fassung in Verbindung mit dem mittelalterlichen englischen Original ist die Basis für unser Buch.

Was ist denn die gemeinsame Grundlage aller Fassungen?

Die ursprüngliche Reihenfolge ist in allen Exemplaren beibehalten: 1. Entdecker, 2. Diener, 3. Ritter, 4. Künstler, 5. Eremiten, 6. Magier, 7. Liebende, 8. Herrscher, 9. Kaufleute. Diese Reihenfolge wiederholt sich auch innerhalb jedes einzelnen Saales. Bei den Künstlern beispielsweise steht an erster Stelle der Entdecker unter den Künstlern (Leonardo), an zweiter folgt eine Dienerin der Künste (die Viehmännin), der dritte ist der Ritter unter den Künstlern (Walther von der Vogelweide), der vierte der Neuschöpfer (Martino di Platina), der fünfte der eremitenhafte Künstler (Hans Sachs), der sechste der magische Künstler (Eulenspiegel), der siebente die liebende Künstlerin (Artemisia), der achte der herrschaftliche Künstler (Peter Parler), der neunte der Kaufmann (der Fälscher Simon Traston). Obwohl sich dieses Orakel also spielerisch gibt, ist es streng komponiert. Das liegt an der mittelalterlichen Verbindung von Mystik und Ordnung.

Ist das „Schloss der Schicksale" mit dem „Enneagramm" verwandt?

Die meisten Forscher sind inzwischen dieser Ansicht. Vermutlich haben „Schloss" und „Enneagramm" eine gemeinsame Quelle in einer uralten mündlichen Überlieferung. Tatsache ist, dass die Einteilung in neun Typen älter ist als das Mittelalter. Sie kommt bei Ptolemäus in der griechischen Antike ebenso vor wie in der alten persischen Religion oder in der frühen chinesischen Philosophie. Eine genaue Herkunft lässt sich nicht feststellen. Wie bei allen anderen Dingen gibt es auch hier keine reine Urfassung. Das ist gut so, denn es handelt sich nicht um eine Sammlung unumstößlicher Prophezeiungen, sondern um ein Spiel. Allerdings um ein Spiel mit tieferer Bedeutung.

Hat das „Schloss der Schicksale" mit Astrologie zu tun?

Nein. Zwar sollten Sie hier wie dort Ihren Geburtstag wissen, ebenso wie das heutige Datum. Denn der Weg durch das Schloss wird von Monat und Tag bestimmt. Doch die Aussagen des Orakels haben eher mit der symbolischen Bedeutung von Zahlen zu tun als mit den Konstellationen der Planeten. Gleichwohl hat eine Studie des britischen Astrologenverbands zum „Schloss der Schicksale" ergeben, dass die Aussagen erstaunlich übereinstimmen. Wenn Sie also heute Ihr Horoskop machen lassen, kommt also ungefähr dieselbe Diagnose heraus wie bei Ihrem heutigen Gang durchs „Schloss der Schicksale".

Aber ist so ein Orakel nicht fauler Zauber?

Nur dann, wenn Sie selbst fauler Zauber sind. Die berühmte delphische Orakelpriesterin Pythia sagte: Das Orakel ist dein Spiegel. Du wirst darin immer nur das finden, was du selber bist. Aber dass du es findest, dazu verhilft es dir. Wenn Sie mal kurz auf Ihr junges Leben zurückblicken, erkennen Sie schon, dass es keinen Zufall gibt. Zum Beispiel, dass Sie mit gewissen Menschen zusammengetroffen sind, das war kein Zufall. Dass Sie dieses Buch ausgerechnet jetzt lesen, nein, das ist kein Zufall. Dass Sie deshalb nur in einen bestimmten Saal gelangen können, zu einer bestimmten Figur: alles kein Zufall. Jedes Ereignis geschieht in dem Augenblick, in dem du bereit dafür bist, sprach der erleuchtete Buddha. Was Ihnen widerfährt und wann es Ihnen widerfährt, ist charakteristisch für Sie. Was es in Ihnen auslöst, das hat hundertprozentig mit Ihnen zu tun. Und wenn es Ihnen nicht gefällt, werden Sie Spaß daran haben, es zu widerlegen.

Wie oft geht man denn ins „Schloss"?

So oft man Lust dazu hat. Goethe schrieb: „Die 81 hier versammelten Gestalten stehen für die 81 Phasen, die jeder im Laufe eines gelungenen Lebens durchläuft. Wann er sie durchläuft, das ist bei jedem verschieden. Der eine beginnt als Krieger und endet als Eremit, der andere ist zunächst Liebender, dann Kaufmann, dann Künstler." Welche Phase dran ist, das lässt sich mit Hilfe dieses Orakelspiels herausfinden. Es gibt keine vorgeschriebene Dauer für eine Lebensphase. Manche Menschen erleben schnelle Wechsel, dann lange ruhige Zeiten; bei anderen gibt es einen erkennbaren Rhythmus. Der eine befragt das Orakelspiel also jede Woche, der nächste einmal im Monat. Einige machen es immer dann, wenn sie eine bestimmte Frage haben und etwas klären wollen. Wieder andere auf jeder Party.

Es kommt auf Monat und Tag an. Lässt sich aus dem Jahr etwas lesen?

Ja, diese Möglichkeit gibt es auch. Allerdings wird sie bereits in der ältesten erhaltenen Ausgabe eher gering bewertet. Dort werden die von Jahr zu Jahr wechselnden

Tendenzen mit den Jahresringen eines Baumes verglichen. Sie geben darüber Auskunft, wie in dem betreffenden Jahr persönliches Wachstum erreicht wird. Um diese Tendenz zu ermitteln, ziehen Sie die Quersumme Ihres Geburtsjahres und zählen dazu die Quersumme des jetzigen Jahres. Quersummen zieht man grundsätzlich so lange, bis ein einstelliger Betrag herauskommt, also bis sich keine weitere Quersumme mehr ziehen lässt. Beispiel: Sie sind im Jahr 1972 geboren, und jetzt ist das Jahr 2001. Die Quersumme von 1 + 9 + 7 + 2 ist 1, die Quersumme von 2 + 0 + 0 + 1 ist 3. Die gemeinsame Quersumme ist also 4. Das bedeutet: Ein Jahr des Wachstums durch Kreativität. Im einzelnen gelten folgende Bedeutungen. Quersumme 1: Ein Jahr des Wachstums durch Neuorientierung. 2: Wachstum durch Unterstützung. 3: Wachstum durch Auseinandersetzung. 4: Wachstum durch Kreativität. 5: Wachstum durch Stille. 6: Wachstum durch Fügung. 7: Wachstum durch Hingabe. 8: Wachstum durch Führen. 9: Wachstum durch Materie.

Wenn ich das Orakel zu Silvester mache, kommt dann nicht jedes Jahr dasselbe heraus?

Heh, gut mitgedacht! Scharfsinns-Preis für Sie! Beim Geburtstag ist es ähnlich. Ja, es kommt das heraus, was eine grundsätzliche Tendenz in Ihrem Leben ist. Doch der Mensch entwickelt sich weiter. Sogar dann noch, wenn er schon so großartig ist wie Sie. Deshalb gilt seit der Antike: Wenn Sie das Orakel zum erstenmal an einem festgelegten Jahrestag befragen, dann nehmen Sie es, wie es kommt. Es zeigt Ihre Grundtendenz. Wenn Sie es jedoch im nächsten Jahr wieder an diesem festgelegten Datum befragen, Geburtstag, Weihnachten, Silvester, dann addieren Sie die Quersumme Ihres Alters dazu. Sowohl bei der Monatszahl, die den Saal im Schloss bestimmt, als auch bei der Tageszahl, die den Patron im Saal bestimmt. Dann erfahren Sie Ihre aufregende Weiterentwicklung.

Und wer ist Dietmar Bittrich?

Dietmar Bittrich ist der Autor des weltberühmten Gummibärchen Orakels. Es wurde gleich mit der ersten Auflage zum Standardwerk. Zugleich ist er der Neffe des hochgeschätzten Professors Derek Drury, des Bibliothekars am Magdalen College zu Oxford. Dieser Professor Drury verschaffte ihm im Juli 2000 Zugang zu den geheimen Schätzen der Bibliothek. Das entsprach nicht ganz den Gepflogenheiten in Oxford, doch die Semesterferien ließen den ungewöhnlichen Schritt zu. Zwei Wochen des englischen Sommers verbrachte Bittrich in der Schatzkammer der Bibliothek. In der gleichmäßig temperierten, dreifach gefilterten Luft kopierte er handschriftlich das kostbare Original des „Booke Of The Castle Of Fates“. Anschließend übertrug er es in die Sprache unserer Zeit. Die Veröffentlichung dieses Buches ist nicht nur in Deutschland, sondern weltweit eine Premiere.

Die Säle und Figuren im Schloss der Schicksale

Raum 1
Der Saal der Entdecker

Raum 2
Der Saal der Diener

Raum 3
Der Saal der Ritter

Raum 4
Der Saal der Künstler

Raum 5
Der Saal der Eremiten

Raum 6

Der Saal der Magier

Raum 7

Der Saal der Liebenden

Raum 8

Der Saal der Herrscher

Raum 9

Der Saal der Kaufleute